중국알기시리즈 3

광저우의 사람과 문화 읽기

《都市人叢書 - 廣州人》
作者：李公明
Copyright ⓒ 1995 by 浙江人民出版社
All rights reserved.
Korean Translation Copyright ⓒ 2011 by DASAN MEDIA
Korean edition is published by arrangement with 浙江人民出版社
through EntersKorea Co., Ltd. Seoul.

이 책의 한국어판 저작권은 (주)엔터스코리아를 통한
중국의 浙江人民出版社와의 계약으로
도서출판 다산미디어가 소유합니다.
신 저작권법에 의하여 한국 내에서 보호를 받는 저작물이므로
무단전재와 무단복제를 금합니다.

광저우의 사람과
문화읽기

리궁밍(李公明) 저 · 남종진 역

다산미디어

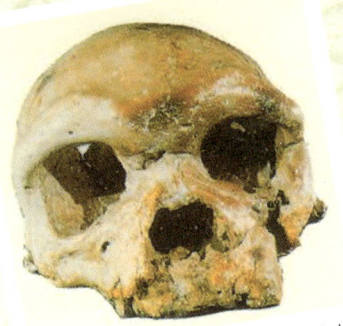

초기 호모 사피엔스에 속하는 13만 년 전의 유골인 마바인은 화난지방에서 가장 오래된 유골이다.(p.29)

광저우 토착민의 조상으로 추정되는 마바인의 유골을 복원한 두상(p.29)

지금도 월왕대에 올라가면 한나라 황제의 조서를 받는 의식을 치르는 것만 같다.(p.38)

회성사는 당나라 때에 건립된 중국 최초의 이슬람사원이다.(p.51)

송나라 때의 양성팔경의 하나인 석문반조(石門返照).(p.53)

광저우를 소개하는 엽서나 책자에는 육용사 화탑의 아름다운 모습이 자주 실린다.(p.60)

명나라의 개국공신 주량조가 세운 오층루는 광저우 역사의 증인이다. 지금은 광저우박물관으로 사용된다.(p.62)

명나라 때의 양성팔경의 하나인 선인무적(仙人拇迹).(p.65)

진가사는 영남 지방의 건축 특징과 장식예술을 집대성한 건축물이다.(p.70)

파리의 노트르담 성당을 본 떠 만든 고딕식 건축물인 천주교 성심당.(p.71)

중국 최초의 콘크리트건물의 하나인 마정당.(p.71)

뇌분은 광저우에 대한 유년시절의 추억을 떠올리게 만든다.(p.79)

뇌분은 광저우인에게 단연 인기 있는 아침 메뉴였다.(p.79)

면시저육은 가족과 떨어져 지내야 했던 학창시절에 가족의 따스함을 느끼게 만들었다.(p.84)

배추를 말리는 모습은 마치 거리에 내걸린 만국기와 동무라도 되는 것처럼 보였다.(p.87)

고기나 생선을 햇볕에 말리는 것은 직접 품을 들여서 먹을거리를 마련하는 일이었다.(p.87)

손질한 고추를 항아리에 담고 소금에 절여 만든 타랄초는 온가족이 두고두고 먹었다.(p.88)

광저우 구시가지의 좁은 화강석 길을 걷기에 나막신보다 더 서정적인 신발은 없었다.(p.90)

문화대혁명 시절에 마오쩌둥 주석의 금속 배지가 널리 유행했다.(p.99)

광저우의 연은 검객의 영광을 대신하고 자유를 추구하는 본성을 지녔다.(p.103)

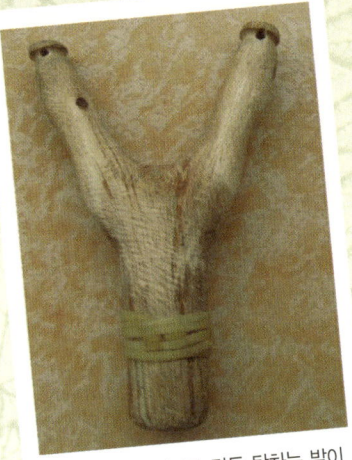

석류나무의 가장귀로 만든 탄차는 발이 높은 술잔 모양에 세 손가락 정도 벌어진 것이 가장 이상적이다.(p.105)

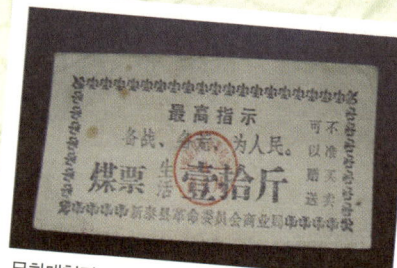

문화대혁명 당시에는 석탄배급표를 가지고 가서 석탄을 구입했다.(p.113)

휴대전화가 일반화되기 이전에 호출기는 그림자처럼 따라다니는 통신병이었다.(p.128)

'먹을거리는 광저우에 있다'고 하는 것은 광저우인이 먹기를 좋아하고, 먹는 데에 돈을 아끼지 않고, 먹을 줄 알고, 과감하게 먹는다는 것을 이르는 말이다.(p.136)

유각은 소를 넣고 빚어서 기름에 튀긴 만두 모양의 간식거리이다.(p.141)

마제고는 올방개 가루를 설탕물에 반죽해 만든 것으로 광저우의 명절음식이다.(p.141)

호시발재(好市發財)는 장사가 번창하기를 바라는 염원을 담은 이름이다.(p.143)

1994년 7월에 개장한 황사수산물시장은 판매와 조리를 분리한 새로운 방식을 도입했다.(p.146)

황사수산시장에서는 먹고 싶은 것을 고른 다음에 미리 잡아놓은 음식점에서 요리해 먹을 수 있다.(p.146)

지금 광저우인은 잘 먹는 것 이외에도 쾌적하고 근사한 주거 환경을 원한다. 실내를 꾸밀 줄 아는 광저우인은 이제 생활할 줄 알게 된 것이다.(p.150)

광저우의 방범창은 세계 도시문화에서 기이한 광경이라고 할 것이다.(p.154)

광저우는 중국에서 오토바이가 가장 많은 도시일 것이다.(p.159)

광저우인에게 밤은 별천지이다. 광저우인이 가진 모든 것이 그들의 밤하늘에 속한다.(p.166)

광저우는 창조력을 지닌 도시이다.(p.189)

광저우에서는 갖가지 성대한 행사가 빈번하게 열리지만 천둥소리만 요란할 뿐이다. 사진은 광저우 아시안게임 주경기장.(p.199)

사람들은 개인의 꿈을 허락해 준다는 국제화된 대도시의 신화 때문에 새롭고 현대적인 것을 선호한다. 사진은 광저우 천하구 신개발지역.(p.203)

인류의 역사를 보면 현대화가 결코 행복한 삶을 가늠하는 잣대인 것은 아니다. 사진은 광저우 시관의 전통 가옥.(p.205)

경제개발이라는 유혹 앞에서 문화에 대한 이상주의는 항상 취약하다. 사진은 광저우 사먼 옛 조계지의 구라파풍 건축물.(p.212)

[머리말]
"난간에 기대어 영웅을 그리워한다."

오천년 세월의 누각은 변함이 없는데,
누가 북두성 움켜쥐고 고금을 주물렀던가?
오백년 성상의 임금은 어디로 떠나서,
내게 난간에 기대어서 영웅을 그리게 하나?

五千劫危樓尙存, 間誰摘斗摩星, 目空今古;
五百年故侯安在, 使我倚欄看劍, 淚灑英雄?[1]

광저우廣州 월수산越秀山 진해루鎭海樓에 있는 대련對聯이다. 지금 광저우에서 누가 이처럼 먼 옛날을 회상하고 꿋꿋하게 현재를 굽어보며 탄

---

[1] 청나라 장수 팽옥린(彭玉麟: 1816~1890)이 지은 대련.

식하겠는가?

청나라 말기에 광저우 전투에서 패배한 구봉갑丘逢甲[2]은 어지러운 세상을 탄식하며 「진해루鎭海樓」 두 편을 지었다. 그는 "망망한 바다를 보며 영웅은 눈물을 흘린다."(蒼茫自灑英雄淚)고 하고, 또 "난간에 기대 옛날을 추억하는 임금은 되지 않으리라."(不爲憑欄憶故侯)라고 했다. '옛 임금'과 같은 사람은 되지 않겠다면, 어떤 사람이 되겠다는 것일까? 진해루에 올라 사방을 굽어보노라면, 난간에 기대 싱싱한 해산물만 떠올리는 광저우인 생각에 왈칵 눈물이 솟구친다.

진융金庸[3]이 지은 「원숭환 평전袁崇煥評傳」을 보면, 광둥廣東 출신인 원숭환[4]은 직설적이고 꿋꿋하고 불덩이 같은 성격으로, 상관이든 누구든 아랑곳 않고 "제미랄, 지랄같이 뻣뻣하군."이라 내뱉으며 닝위안寧遠의 수비군을 이끌고 누루하치가 이끄는 청병淸兵에 맞섰다. 또 광둥의 19로군은 상하이上海에서 항전할 적에 현지인에게 존경을 받았는데, 사람들은 "광둥병이 '제미랄!' 하고 욕설을 퍼붓더니 창을 거머쥐고 일본군을 무찔렀다."고 전한다. 지난 날 광둥인의 거칠고 충직하던 기질에 눈시울이 뜨거워진다.

오늘날에도 광둥에서 '제미랄'이라는 세 글자가 세상을 뒤흔드는 경우가 있으니, 바로 축구경기장에서다. 관중들은 일제히 상대방 선수를

---

2) 1864~1912. 광둥성 자오링(蕉嶺) 출신의 정치가, 의병장.
3) 1924~. 홍콩의 유명 무협작가, 정치평론가. 본명은 차량융(査良鏞).
4) 1584~1630. 명나라 말기의 장수. 후금(後金)의 침략에 맞서 랴오둥(遼東) 방어에 공을 세웠지만 모반(謀反)의 누명을 쓰고 베이징의 서시(西市)에서 능지처참형을 당했다. 원숭환이 죽자 랴오둥을 방위하던 군사는 사기가 급격히 떨어졌고 후금에 속속 투항함으로써, 명나라는 멸망의 길로 치닫게 되었다.

'뭉개고', 심판을 '뭉개고', 심지어 자기편 선수를 '뭉개버린다'. 하지만 경기가 끝나면, 아무 일도 없었다는 듯이 자리를 털고 훌쩍 사라져버리고, 그 자리에는 실리를 찾는 천박한 처세철학만이 공허하게 남는다. 아! 광둥인의 호방한 기질은 도대체 어떤 것이었기에, 일찍이 그렇게 평가했던 것일까?

국민성이나 민족성을 연구하는 것은 어렵고 위험한 일이다. 미국의 정신과 의사이자 신新정신분석학파의 대표적 인물인 에릭 에릭슨E. H. Erikson은 "남의 말을 듣다 보면, 자신이 생각하는 미국의 성격이 어떤 모습이든 간에, 정반대의 측면을 찾아낼 수 있다."—*Childhood and Society* (New York: W. W. Norton, 1963)—고 했다. 이것이 바로 내가 국민성 연구를 부담스러워하고 우려하는 까닭이다. 앞서 지금 광저우인들은 난간에 기대 싱싱한 해산물만 생각할 뿐이라고 한 것은 한순간의 감정적인 언사일 뿐이니 액면 그대로 받아들이지는 말라.

19세기 말에 미국의 교육자이자 사학자인 하버드대의 허버트 아담스 H. B. Adams가 처음으로 국민성은 학술적 연구의 정당한 대상이 된다고 하면서, 서구 학계에서는 국민성 연구가 어렵기는 하지만 중요하다는 사실에 동의하게 되었다. "미국에서는 제2차 세계대전 기간에 인류학과 심리학의 연구방법을 사회 연구에 응용하여, 국민성 연구가 활발하게 진행되었다."—미국의 인류학자이자 문화심리학자인 마가렛 미드(Margaret Mead, 1901~1978)의 언급이다.— 그리하여 루스 베네딕트[5)]의「문화 모델」,「국화와 칼」 같은 고전적인 국민성 연구서를 읽었고, 마침내 이런 연구의 동기와 성과가 과학적 신뢰를 얻을 수 있다는 믿음을 갖게 되었다. 아울러 한 나라에서 특정 지역민의 성격을 연구하는 것도 왜 그렇게 어려운가를 어렵지 않게 이해하게 되었다. 나는 이제껏 어떤 지역 사람이 어떠어떠하다고 평가하는 것을 함부로 믿지 않았는데, 지금은 같은 이유로 광저우인이 내가 기술한 그대로라고 확신하지는 않으며, 그것은 그저 내가 보는 광저우인일 뿐이라고 생각한다.

진해루로 돌아가 보자. 후한민胡漢民[6]은 진해루에 이런 대련을 남겼다.

오령의 북쪽에서 내려오니 주해는 가장 달밤이 아름답고,
누대에 저녁나절 바라보니 백운은 아직 한나라 가을이라.

五嶺北來, 珠海最宜明月夜;
層樓晚望, 白雲仍是漢時秋.

이처럼 뿌듯한 마음에 감동하여, 나는 '광저우인'을 생각하면서 쌓인 복잡한 생각들을 훌훌 털어내고, 고단한 역할을 즐거운 취미로 바꾸었다.

나는 광저우에서 태어나고 성장한 토박이지만, 광저우와 광저우인에 대한 묘사는 개인적 삶의 편린과 역사적 기억을 모은 것일 뿐이기에 한계가 있을 수밖에 없고, 또 개인의 감정적 색채가 강하기 때문에 미흡

---

5) Ruth Benedict, 1887~1948. 미국의 민족학자, 여류 시인. 미국인류학역사학파의 창시자.
6) 1886~1936. 쑨원(孫文)의 비서장, 국민당 정치회의위원, 입법원장을 지낸 정치인.

한 구석이 많으리라고 생각한다. 광저우에서의 생활 경험이 있는 많은 분들이 광저우에 대하여 더 많은 이야기를 해 주기 바란다. 비록 지난날의 자질구레한 이야기라도, 우리의 기억에서 지울 수 없는 일부분이기 때문이다.

광저우에서

리궁밍 李公明

차 례

01 인종을 회고하다 • 25

02 엽두족의 밤하늘 • 30

03 월왕대 • 34

04 부처와의 인연 • 41

05 당나라 여인의 꽃비녀 • 45

06 남한의 영석과 유화 • 49

07 집집마다 밥 짓는 연기가 피어오르고 • 54

08 오층루에서 • 58

09 붉은 석양 • 64

10 전사는 남월을 가리키고 • 70
11 뇌분에 담긴 의미 • 75
12 껍질을 즐겨 먹다 • 78
13 면시저육 • 80
14 광저우인은 무엇을 햇볕에 널어 말렸나 • 82
15 나막신 소리 • 85
16 거리의 노래 • 88
17 유행어 • 92
18 '본을 찍어낸' 시대 • 95
19 연날리기 • 98
20 탄궁 • 101
21 알까기 • 103
22 소년 카레이서 • 106
23 세월과 난로 속의 석탄 • 108
24 닭과 오리의 대화 • 112
25 아이를 낳을 줄만 알고 이름을 지을 줄은 모른다? • 117
26 출신은 묻지 않고 능력만을 따진다? • 120
27 "필요하면 Call해." • 124
28 편안함을 얻다 • 127
29 먹을거리는 광저우에 있다 • 132
30 먹을거리는 설날에 있다 • 137
31 광저우인은 해산물을 어떻게 먹는가? • 141

32 집안을 꾸미는 사람들 • 146
33 방범망 • 150
34 차량행렬 • 154
35 여행을 즐기는 광저우인 • 158
36 밤의 열정 • 162
37 통계로 본 광저우인 • 166
38 외지 출신과 광저우인 • 172
39 외지 출신이 보는 광저우와 광저우인 • 178
40 국제적 대도시를 지향하며 • 185
41 광저우의 새로운 영웅 • 191
42 '문화 건설'의 폐단 • 195
43 전통과 현대화의 길목에서 • 199
44 '광저우 문화' 단상 • 203
45 반문화적 도시 개발 • 208
46 이 광저우인을 보라 • 215

01 인종을 회고하다

광저우인은 생김새에 특징이 많은 것 같다. 중국의 북방사람들은 광저우인의 특징을 아주 확실하게 파악하고 있는 것처럼 말한다.

"입은 뾰족하고, 뺨은 바짝 야위고, 광대뼈는 튀어나오고, 키는 작고, 걸음걸이는 빠르지 않은가?"

심한 경우에는 「수호전水滸傳」에서 닭과 개를 훔치는 시천時遷을 떠올릴지도 모른다. 하지만 이런 생각은 십중팔구 잘못된 것이다. 나는 광저우에서 나고 자란 토박이지만 타지 친구들은 나를 광저우인 같지 않다고 말한다. 그들이 생각하는 광저우인과는 다르다는 뜻이다.

중국사회과학원에서 인구학을 연구하는 한 학자는 "70퍼센트 이상의 광둥인은 한족漢族이 아니다."라고 하여, 엄청난 풍파를 일으켰다. 이 주장이 어떻게 나온 것이든 '비아족류非我族類', 즉 '나와는 다른 사람이다'라는 심리를 반영한 것임에는 틀림없다. 그런데 고인류학자들의 연구결과를 보면, 이런 주장이 얼토당토않은 것도 아니다.

1958년 6월, 광둥성廣東省 사오관韶關 마바馬壩에 사는 농민이 석회암 동굴에 쌓인 퇴적물로 비료를 만들다 고인류의 두개골과 동물화석을 발견했다. '마바인'으로 명명된 두개골은 13만 년 전쯤에 살았던 중년 남성으로, 인류의 진화과정에 있어서 초기 호모 사피엔스에 속하는 것으로 밝혀졌는데, 지금까지 중국의 화난華南 지방에서 유일하게 발견된 초기 호모 사피엔스의 화석이다.

마바인은 중국 영남嶺南 지방 토착민의 조상인 셈인데, 그렇다면 마바인은 도대체 어떤 사람이었을까?

1975년, 미국의 고인류학자 윌리엄 호웰스[7]는 중국을 찾아 마바인의 두개골을 살펴보고, 귀국하여 발표한 논문에서, 마바인은 형태학적으로 유럽의 네안데르탈인Neanderthal Man과 가까운데, 이 유골이 1950년대에 유럽에서 발견되었다면, 전형적인 네안데르탈인으로 불렸을 것이라고 밝혔다.

중국의 고인류학자는 마바인은 "네안데르탈인과는 구별되는 중요한 특징을 지니고 있기 때문에 중국 고인류의 진화 계열에 넣을 수 있다."고 주장하고, "유럽의 고인류와 유전자 교류의 가능성을 생각하게 만든다."고 완곡하게 덧붙였다. 또 필리핀 군도의 고인류 화석과 비교하여 "중국과 동남아 제도의 고인류 사이에는 어느 정도 유전자 교류가 있었음을 암시한다."는 결론도 얻어냈다.

마바인도 '비아족류'의 맛을 지닌 것 같다. 그들의 기본 인자因子는 교류와 개방이며, 폐쇄적 심리는 전혀 없다. 오히려 영남 토착민을 '만이(蠻夷:남방오랑캐)'로 간주한 중원中原[8] 사람들이 확실한 폐쇄성을 지니고 있었다. 그들은 수천 년 동안 '세상의 중심에 자리 잡은 천조天朝'라는 생각으로 우쭐거리며 세상과 마주했다.

마바인의 후손은 계속 이어졌을 것이다. 1980년대 중반에는 마바 스쯔옌獅子巖에 있는 동굴에서 후대 인류의 화석이 발견되었는데, 학자들은 이것이 마바 지역에서 고인류가 지속적으로 활동했고, 또 마바인이

---

7) W. Howells, 1908~2005. 1960년대에 인류단일기원설을 주장한 인류학계의 태두.
8) 중국 고대 한족(漢族)의 활동지역을 일컫는 말. 지금의 허난성(河南省)과 산동성(山東省) 서부, 산시성(陝西省) 동부의 황하(黃河) 중·하류 지역을 가리킴.

링난 지방 광저우인의 조상임을 입증하는 증거라고 했다.

미국의 고고학자 윌리엄 솔하임W. Solheim은 「선사시대 중국 남부의 주인은 누구인가?」라는 글에서 남중국 선사 문화의 역사적 계승성과 자족성을 강조했는데, 매우 타당성 있는 주장이다. 하버드대의 인류학자 장광즈張光直 교수는 남양南洋[9]과 태평양 지역에 분포한 남도어족南島語族[10]의 기원을 연구하면서, 의식적으로 중국 동남부 지역과의 연계성을 모색하여, 중국 인종의 유전자와의 문화적 영향력 문제를 생각하게 했다. 또 중국의 어떤 학자는 마바인의 인종적 특징을 근거로, 중국인은 남방에서 기원하였다는 설을 과감하게 논증하기도 했다.

학구적 분위기를 지닌 고인류학에서의 언급은 일단 논외로 하고, 광저우인의 토착 조상에 대하여 상상해 보는 것도 괜찮을 것이다. 그들은 몽골 인종의 남부 아시아계 유형이 지닌 체질적 특징을 잘 보여준다. 근육이 발달하였고, 온난 습윤하고 삼림이 울창하고 동식물이 번식한 환경에서 살았으며, 도구를 만들 줄 알았고 게다가 제작 기술이 뛰어났으며 미적인 감각도 있었다. 그들은 맹수를 사냥하고, 서로에게 관심을 보이고, 날이 저물면 모닥불을 둘러싸고 앉아 노동의 성과를 나누었을 것이다.

어떤 사상가는 "인류가 존재한 뒤로 우리의 역사가 시작되었다."고 했다. 광저우인의 이야기도 바로 여기에서 시작되었다. 일부 광저우인은 자기 조상이 북쪽지방에서 이주해 왔다는 막연한 생각을 지니고 있을 것이다. 고대 월인粤人은 신석기 시대 이후로 중원 지방과 인적 교류가 있

9) 태평양의 적도 남북에 걸친 지역의 통칭.
10) 이스터섬에서 마다가스카르섬까지, 하와이제도에서 뉴질랜드섬에 이르는 남태평양 지역에서 사용되는 언어의 총칭. 말레이폴리네시아어족.

어서 민족의 융합이 있었겠지만, 순수한 인종 이동의 가능성은 높지 않다. 량치차오梁啓超[11]는 "화하華夏 민족은 단일민족이 아니다. 태곳적부터 여러 민족이 왕래하고 접촉하면서 서로 닮아가고 차츰 융합하여 하나의 민족이 되었는데, 후세에 '제하諸夏'[12]라고 부른 것이 그것이다."라고 했는데, 설득력이 있는 말이다.

어떤 이는 오늘날 대다수 광저우인은 자신이 영남 토착민의 후손이라는 사실을 인정하기를 부끄러워하며, 중국의 정통사상에 영향을 받아서 중원의 혈통을 정통으로 삼는다고 말하는데, 이는 주관적 억측일 뿐이다. 광저우인에게는 애당초 이런 문제가 존재하지 않는다. 그렇게 아득히 거슬러 올라가 인종 문제를 생각할 수 있는 사람은 없다. 일상에서 남을 평가할 적에 그가 현실적인가를 살필 뿐 출신 따위는 따지지 않는 광저우인이 어떤 인종인지를 따지겠는가? 옛 사람은 말하기를 "왕후장상이 어찌 종자가 따로 있겠는가?"라고 했다. 광저우인은 결코 '종자'로 사람을 평가하지 않으며, 이제껏 '혈통론'을 숭배한 적도 없었다.

원숭이와 작별하고
돌멩이를 갈았으니
유년의 시절이었다.

마오쩌둥毛澤東은 인류의 유년시절을 유머러스하고 경쾌하게 묘사했다. 마바인이 살던 시대를 상상해 보

---

[11] 1873~1929. 중국 근대의 계몽 사상가, 문학가, 사회운동가. 신사상을 소개하고 애국주의를 고취했으며, 변법자강(變法自强)에 힘썼다.
[12] 고대 북방의 중국인은 주변의 여러 민족을 비하하여 '이적(夷狄)'이라고 부르고, 자신을 천하의 중심으로 생각하며 '제하(諸夏)', '화하(華夏)' 등으로 불렀다.

면, 당시 남중국의 인재들은 갈아 만든 석기 몇 점을 들고 신석기시대의 문지방을 넘어 농경사회의 여명을 맞이했다.

02 엽두족의 밤하늘

황혼이 드리웠다. 숲속 오솔길에서 한 사내가 불길한 새가 숨어 있기라도 한 것처럼, 황급히 발걸음을 재촉한다. 그 순간 숲속에서 그림자 두 개가 뛰어나온다. 그림자가 칼을 휘두르자 사내의 머리는 미리 준비한 등나무 바구니에 떨어진다. 그림자는 쏜살처럼 숲속으로 들어가더니 어둠 속으로 유유히 사라진다.

관솔불을 환히 밝힌 산채에서 사람들은 기뻐하며 춤을 춘다. 반짝이는 숱한 눈빛들이 바라보는 가운데, 나뭇가지에 내걸린 사내의 머리는 두 그림자가 바치는 제사와 춤추는 사람들의 송가를 받아들인다.

이것은 무협소설의 한 대목이 아니다. 인류학과 민족학이 밝혀낸 잔인하지만 사실 그대로의 장면이다. 이는 '엽두(獵頭:Headhunting)'라는 풍속으로, 고대에는 남태평양 지역에서 매우 성행하였고, 중국의 일부 지역에도 있었다.

역사학자 뤼쓰몐呂思勉은 "바닷가에 살던 원시부족은 식인食人 풍속이 있었다."면서, 「묵자墨子」 '노문魯問'에 "초楚 남쪽에 인육을 먹는 나라가 있다."고 한 기록을 인용하여, "식인 풍속은 초楚, 월粵, 교攴, 광廣과 남양 제도에 살던 원시부족 사이에서 오랫동안 유행했음이 입증된다."고 했다. 인육을 먹는 것은 잔혹한 야만적 풍습이지만, 인두人頭를 숭배·점유·매장하던 행위는 종교에 대한 원시적 믿음을 담은 것이었다. 독일의 인류학자 줄리우스 립스Julius E. Lips의 견해에 따르면, 이런 믿음은 사자死者의 머리와 골격을 '영혼의 힘'을 드러내는 상징물로 여겼기 때문이었다. "인두를 얻는 것은 무술巫術 능력의 핵심이었고, 인두는 정성껏 숭배하는 대상으로서, 농업문화 초기에 특히 성행했다." "뼛속에 남아 있는 힘까지도 이용하려는 염원은 죽은 가족의 두개골을 보존하는 풍속을 낳았다. 게다가 많이 가지려 했기 때문에 낯선 자의 머리를 구할 생각을 하게 되었고, 마침내 다른 부족을 함부로 죽이게 되었다. 멜라네시아와 라틴아메리카에서는 이런 이유로 헤드헌팅이 유행했다." 이런 인류학적 설명은 상당히 설득력이 있다.

고고자료에 따르면, 먼 옛날에는 광저우 지역에도 헤드헌팅 풍속이 있었던 것으로 추정된다. 그 근거는 중국 광둥성과 광시좡족자치구에서 발굴한 청동인수주형기靑銅人首柱形器에서 집중적으로 찾아볼 수 있다. 광저우 인근 쓰후이四會, 칭위안淸遠 등지에서 발견한 기물, 예를 들어 쓰후이 냐오단산鳥旦山 고분에서 발견한 청동인수주형기는 인두상이 역삼각형인데, 눈두덩은 함몰되고 입은 튀어나오고 입술은 두툼하여, 당시 월인의 전형적 모습이었을 것으로 추정된다. 엉성한 소조 기법으로 미루어, 청동인수주형기는 상징적인 용도로만 사용되던 것임을 알 수 있다. 한편 칭위안 마터우강馬頭崗 1호 고분에서 나온 인두상은 이마에 세 갈래로 갈라진 모양의 무늬가 있고, 구멍을 뚫은 큰 귀에, 목은 길고, 어깨는 깎이고, 가슴에는 무늬가 있다. 이밖에 광둥성 서부 뤄딩羅定, 화이지懷集 등지에서도 같은 유형의 청동인상이 발견되었는데, 대부분 4점 1조로, 발굴 당시에는 2점씩 나뉘어 무덤 양쪽 바닥에 세워져 있었고, 그 앞에는 돌덩이와 옥기玉器가 하나씩 놓여 있었다. 인수주형기를 만들어 매장한 것은 헤드헌팅, 즉 인두 숭배와 밀접한 관계를 지닌 것으로, 아메리카 대륙이나 오세아니아의 원시부족이 인상주人像柱, 즉 '영혼의 기둥'[the pole of spirit]을 만드는 풍습이 있던 것과 같은 것이다. 학계에서는 광둥성과 광시좡족자치구에서 나온 인수주형기의 수수께끼를 풀어내지 못하고, 줄곧 노예제의 테두리만 맴돌며 해답을 찾았을 뿐, 헤드헌팅이나 식인 또는 인두 숭배 풍속과 연관 짓는 경우는 매우 드물었는데, 그것은 아마도 문화적 자존심 때문이었을 것이다.

이제 선진先秦 시대 영남 지방의 야트막한 언덕으로 가보자. 주위를 살펴보면 온통 고대 월인들로, 뾰족한 얼굴, 낮은 콧날, 짧은 머리에, 몸에는 뱀이나 벌레 따위의 문신이 가득하다. 그들은 마침 조개와 새우 따위를 날로 먹고 있는데, 오늘날 광저우인이 해산물 음식점에서 먹는 방식과 별반 다르지 않다. 어떤 자는 인두를 매단 청동 기구를 매만지며 골똘히 생각에 잠겨 있다. 고요한 황야에는 모닥불 타는 소리만이 신비한 적막을 깨뜨린다. 갑자기 술렁대더니 산 아래로 이어진 오솔길을 향해 소리친다. 순간 힘차고 장엄한 소리가 들려오면서 우주의 모든 에너지가 느껴진다.

오늘 밤은 어인 밤인가? 별이 반짝이는 밤하늘은 유난히 찬란하다. 저 하늘은 먼 옛날 헤드헌팅 부족이 이고 있던 하늘이고, 일찍이 북두칠성을 닮은 국자로 외로운 나그네의 혈장을 퍼마시던 하늘이며, 지난 날 월음越吟으로 노래하여 영혼을 부르던 하늘이다. 나는 이제 돌아왔다. 헤드헌팅 부족의 결코 부끄럽지 않은 후예다. 밤하늘에 반짝이는 별을 바라보노라니, 눈은 아득하고 금세 두려움이 몰려든다. 먼 조상들이 하늘에 그려놓은 별자리를 보면서도 알 수 없음이 두렵기만 하다. 기나긴 세월 동안 장기瘴氣[13] 속을 헤매는 외로운 영혼과 떠돌이 귀신이 월왕대越王臺에 뛰어오르는 모습을 상상하면서, 먼 조상을 대신하여 진심으로 사죄하고 싶다. 숱한 신神들의 시대를 위하여! 피를 즐기던 붉은 밤하늘을 위하여!

오늘 밤, 나는 멱라강汨羅江에서 꿈을 좇으리라! 굴원屈原[14]처럼 어룡魚龍의 뱃속에서 춤을 추리라! 이제 다시는 남쪽을 향해 그에게 "혼이여, 돌아오소서! 남방은 잠시도 머물 수 없는 곳, 이마에 문신하고 이빨 검게 물들이고, 생사람을 잡아서 제사지낸다오.(魂兮歸來, 南方不可以止些, 調題黑齒, 得人肉以祀.)"[15]라고 말할 필요가 없다. 오늘 밤, 헤드헌팅 부족이 밤하늘 아래에서 흰 자라의 등에 올라타 문어를 뒤쫓고, 반짝이는 물고기 비늘을 바라보던 그 즐거움을 떠올려 본다.

---

13) 아열대의 습지대에서 주로 발생하는 악성 말라리아 따위의 전염병.
14) B.C. 343?~B.C. 278?. 전국시대 초나라의 애국시인. 초사(楚辭)의 선구자로 「이소(離騷)」를 남김. 정치적 음모의 희생양이 되어 쫓겨난 뒤에 방황하다가 멱라강에 투신했다.
15) 전국시대 초나라 송옥(宋玉)이 지었다는 「초혼(招魂)」의 구절이다.

03 월왕대

지금의 광저우는 예전의 번우番禺다. 옛날 번우의 북문에서 3리 떨어진 산기슭에는 돈대墩臺가 있다. 바로 월왕대越王臺로, 한나라 때에 조타趙佗는 이곳에서 고조高祖 황제의 조서詔書를 받았다. 지금 북쪽 코스로 월왕대에 오르면, 방금 조서를 받는 의식을 치르기라도 한 것처럼, 돈대에는 깃발이 휘날리고, 남쪽으로는 왕궁의 용마루가 석양 아래 찬란히 빛난다. 영남 지방에 대하여 야만적이고 황량하다는 인상을 갖고 있다면, 북쪽 코스로 내려오면서 의아한 느낌이 들 것이다.

기원전 222년, 진秦나라 군사가 영남 지방에 들어오면서 광둥 지방의 역사는 새로운 장을 열었다. 당시 도수屠睢가 이끄는 진나라 군사는 동쪽, 중앙, 서쪽의 세 방향에서 진격했다. 서쪽 전선은 전황이 치열했는데, 3년에 걸친 전쟁에서 진나라 군사 수십만 명이 목숨을 잃었고, 도수는 전사했다. 반면 지금의 광저우인 번우로 들어온 부대는 순조롭게 진격하여, 기원전 225년에는 이곳에 진주하는 임무를 맡게 되었는데, 당시 사령관은 조趙나라 출신의 조타였다. 그리하여 조타가 이끄는 부대는 광둥 지방에 주둔하게 되었는데, 그들은 역사상 최초로 월 땅 사람들과 함께 거주한 북방 한족의 권력집단이었다.

진시황 33년인 기원전 214년, 임효任囂를 사령관으로 하고 조타趙佗를 부사령관으로 하는 진나라 군대는 '남방 오랑캐'를 정복하는 전쟁을 다시 벌여 백월百越을 격파함으로써, 영남을 평정하려던 오랜 숙원을 마침내 이룩했다. 진나라는 남해군南海郡 · 계림군桂林郡 · 상군象郡을 설치하고, 임효를 남해군위南海郡尉에, 조타를 용천현령龍川縣令에 각각 임명했다. 그런데 진나라 이세二世가 즉위하던 기원전 209년, 도처에서 농민봉기가 일어나자, 임효와 조타는 진나라를 배반하고 자신들의 나라를 세우기로 합의하였고, 3년 뒤 조타는 계림군·남해군·상군을 합병하여 남월국南越國을 세웠다.

남월국은 다섯 황제에 걸쳐 93년 동안 나라를 유지하다가 한나라 무제武帝 원정元鼎 6년인 기원전 111년에 한나라에 합병되었다. 한나라에 합병되기 이전까지, 남월국과 한나라는 때로는 무력으로 충돌하고 때로는 평화롭게 지내는 관계를 반복했다. 남월국은 중요한 법령이나 제도는 모두 한나라를 본떴지만 '현지인과의 융합'을 지향하는 정책을 펼쳤기 때문에 현지인도 관리가 될 수 있었고, 북방에서 내려온 사람과 통혼할 수도 있었다. 아울러 북방에서 전래한 철기와 우경牛耕 등 농업기술을 널리 받아들였고, 해상 무역이 발달하여 동남아시아 지역과의 상업적 교류도 생겨났다. 그리하여 한 세기에도 미치지 못하는 짧은 동안에 영남 지방은 사회적·경제적·문화적으로 근본적 변화가 있었고, 중원 선진 지역과의 격차를 좁히게 되었다.

월왕대를 내려와 남쪽을 향하다가 북쪽 성문으로 들어서면, 지금의 중산4로中山四路 부근이 나오는데, 그곳에는 당당한 궁궐이 있었다. 안으로 들어서면 무늬 블록이 깔려 있고, 도기로 만든 창살과 붉게 칠한 무늬기와와 용마루의 알록달록한 장식물이 저녁노을 아래 빛난다. 퇴근하는 벼슬아치와 궁전 관리인들은 분주히 궁문을 들락거리고, 금빛은빛의 꽃무늬를 수놓은 비단옷을 입은 사람들은 저녁나절 살랑대는 미풍에 은은한 남국의 음악을 실어 보낸다. 이 모두는 막연한 상상이 아니라 고고학 성과가 우리에게 선사하는 장면들이다.

장안長安의 황궁에서 느긋한 나날을 보내던 한나라 고조 황제 유방劉邦은 "남해위 조타는 남방을 오랫동안 통치하였고, 세상 이치에도 훤하여, 그가 다스리는 백성은 줄어들지 않고, 그곳 사람들은 서로를 공격하던 풍속도 차츰 버리고 있다."며 현실을 인정했다. 그 후 문사관文史館의 연구원이던 사마천司馬遷[16]은 남쪽 지방의 장강長江, 회수淮水, 원수沅水, 상강湘江을 여행하면서 멀리 영남 지방을 바라보다가 야만에서 벗어나 조용히 일어서는 한 도시를 주목했다. 그는「사기史記」'화식열전貨殖列傳'에서 번우番禺를 전국에서 주요한 19개 상업도시 가운데 하나로 꼽았다. 그는 역사상 최초로 광저우를 주목한 역사가였다.

조타는 106세쯤 되어서 자신이 세운 왕국을 떠났다. 남월국이 멸망하자 한나라는 영남 지방에 대한 통제를 강화하고, 남해·창오蒼梧·울림鬱林·합포合浦·교지交趾·구진九眞·일남日南·주애珠崖·담이儋耳의 9군郡으로 개편했다. 현지의 한화漢化는 속도가 붙었고 인구도 빠르게 늘어났지만, 독특한 기풍을 지닌 남월 스타일의 기구器具는 차츰 사라졌다. 특히 지금의 베트남 하노이와 쾅트리 등지에서는 고유한 웅왕문화雄王文化가 한순간에 자취를 감추고, 대신 한족 문화 일색으로 바뀌고 말았다.

「한서漢書」'지리지地理志'에 따르면, 당시 영남 지방 각 군郡의 호적에 올라 있던 호구는 20만 호에 인구는 130만 명을 넘었는데, 대부분 한족 이민자였다. 아마도 그들이 일부 광저우인이 그토록 자랑스럽게 내세우는 그들의 조상이란 말인가?

---

[16] B.C. 145?~B.C. 86? 서한의 역사가. 무제(武帝) 때에 태사령(太史令)이 되어 불후의 역사서「사기(史記)」를 편찬했다.

왕망王莽[17)]이 제도 개혁에 실패하여 병란이 뒤를 잇자, 영남 지방은 관문關門을 폐쇄하여 전란의 불똥이 튀는 것을 막았다. 동한 시기에는 세도가들이 사병私兵을 고용하여 세력을 과시했는데, 영남 지방도 예외는 아니었다.

동한 시기인 203년에는 교주자사부交州刺史部를 교주交州로 개명하고, 소재지를 광신(廣信 : 지금의 광시좡족자치구 우저우梧州)에서 번우로 옮겼다. 삼국 시대인 228년에는 오吳나라 장수 보즐步騭이 남해・창오・울림・고량高凉 네 군을 묶어 광주廣州로 만들었는데, 이것이 역사상 최초로 등장한 '광주', 즉 '광저우' 라는 이름이다. 당시 광저우는 지금의 광둥성과 광시좡족자치구 일부 지역을 관할하였는데, 청나라 때까지도 지금의 룽먼龍門, 쩡청增城, 둥관東莞, 선전深圳, 칭위안淸遠, 신후이新會, 타이산臺山 등지가 관할구역이었다. 1921년 2월 15일, 마침내 광저우시가 성립됨에 따라 현대적 의미의 광저우시가 정식으로 탄생하게 되었다.

다시 남월국 시대의 광저우로 돌아가 보자. 1983년 2월 15일, 광저우 월수공원 서쪽 상강산象崗山에서 완벽하게 보존된 서한 초기 대형 석실벽화고분이 발견되었는데, 1천 점이 넘는 문물이 쏟아져 나왔다. 이는 영남 지방에서 발견된 한나라 고분 가운데 가장 규모가 크고 부장품도 많은 것이었다. 묘주墓主가 지닌 9개의 인장印章과 관련 기록을 통해, 남월국 2대 국왕인 조매趙眛의 무덤임이 밝혀졌다. 역사기록에는 삼국시대에 손권孫權이 조타의 무덤에 희귀한 보배가 잔뜩 묻혀 있다는 소문을 듣고 수천 명을 보내 도처를 파헤쳤지만 끝내 발견하지 못하였다고 한다. 남월국은 왕릉을 매우 비밀스럽게 만들었기 때문으로, 조매의 능묘는 산을 깎아낸 지

---

17) B.C. 45~23. 서한 말기의 개혁적 정치가로, 신(新)왕조를 건국한 인물.

하의 중심부에 현실을 만들었다. 화려한 청동제 예기禮器, 금은 장식품, 옥석 노리개, 갑옷과 투구, 활과 화살, 수레와 말장식품, 비단, 의복, 각종 의약과 침구鍼灸, 인장과 봉니封泥[18], 칠기, 목기, 죽기는 광저우의 밤하늘에 반짝이는 소중한 보배다.

남월왕 능묘의 동쪽 이실耳室에서 나온 구리 통筒에는 큰 배 네 척과 투구를 쓰고 무기를 든 사람들이 새겨져 있는데, 짧은 머리의 인두人頭를 들고 있는 모습과, 뱃전마다에 인두가 하나씩 걸려 있는 모습이 유난히 눈길을 끈다. 예전에는 대부분 이것이 군대의 개선장면을 묘사한 것이라고 생각했지만, 헤드헌팅을 한 인두를 강물의 신에게 바치는 풍속을 담은 것일 가능성이 높다. 강물의 신에게 제사를 드리는 것은 고대 남월 사람에게는 매우 중요한 풍속 가운데 하나였다. 「수서隋書」 '유구국流求國'에는 "산과 바다의 신에게 술과 음식을 바치는 풍속이 있는데, 싸움을 벌여 사람을 죽이고, 죽은 자를 신에게 바친다."는 기록은 이 그림과 잘 어울린다. 이것을 묘사한 그림이 남월왕박물관 전시실에 걸려 있다. 나는 그 앞에 설 때마다 나도 모르게 헤드헌팅 부족의 후예는 누구일까 라는 의문이 든다.

서한 중기에는 이미 중원의 문화와 융합하였다는 사실이 발굴한 문물에서 잘 확인된다. 목선木船모형의 경우는 근자에 주강珠江에서 보던 것과 별반 다르지 않다. 당시 광저우는 대외 무역과 수상 교통이 발달했는데, 광저우의 대외 무역 역사는 늦어도 이 무렵에 이미 시작되었다.

서한 후기에 광저우의 눈부신 발전은 농업생산력이 크게 향상된 덕택이었다. 발굴한 문물에서 '민이식위천民以食爲天'[19]의 상황을 알 수 있는

[18) 옛날에 서신이나 공문을 적은 죽간(竹簡)의 묶은 곳을 봉한, 도장을 찍은 점토덩이.

데, 벼, 좁쌀, 수수, 과일, 조미료, 향신료, 곳간, 관개용 우물, 식량가공공장의 기계 등이 나왔고, 가축과 가금家禽도 넘쳐났다. 경제가 성장하면서 사람들의 생활도 윤택해졌다. 당시 가옥은 곡척曲尺 모양이 유행하였고, 위생시설도 근본적으로 개선되어 화장실이 거실에서 분리되었다. 갖가지 옥돌·유리·구슬·향로는 상점에서 인기를 누렸는데, 모두 해외에서 수입한 것이었다. 번화가에서는 코가 넓적하고 입술이 두툼한 남양南洋 사람들이 분주하게 물건을 사들이고 옮기는 모습을 언제든지 볼 수 있었을 것이다.

동한 무렵에는 전실묘磚室墓가 유행했는데, 부장품은 갈수록 격차가 커졌다. 논밭 모형, 도제陶製 삼합원三合院, 장비를 두루 갖춘 도제 선박 등은 대부호 집안에서나 볼 수 있는 것들이었다.

마지막으로 월왕대 아래의 풍경을 조망해 보자.

남월국은 중국의 남방에서 중원의 한나라와 의젓하게 맞선 독립된 나라였다. 「한서漢書」에는 "국토는 동쪽 끝에서 서쪽 끝까지가 1만 리가 넘었고, 황제의 수레를 타고 제制를 일컬어 '중국中國'과 같았다."고 했다. 도시가 형성되면서 벼·채소·과일 따위를 재배하였고, 규모가 큰 조선·도자기·방직·칠기·옥조玉雕·석조石雕·금은세공·유리제조 등의 업종은 나라에서 직접 도맡았다. 도성과 서강西江 평원 일대는 이미 인구 조밀 지역이 되었다. 전쟁에서 평화로, 미개에서 문명으로, 폐쇄에서 개방으로, 광동 지방은 1, 2백 년이라는 짧은 동안에 중원문명의 발걸음을

19) "백성은 식량을 생존의 근본으로 여긴다."는 말이다. 「한서(漢書)」 '역이기전(酈食其傳)'에 "임금은 백성을 하늘로 여기고, 백성은 먹을거리를 하늘로 여긴다."(王者以民爲天, 而民以食爲天)고 했다.

따라잡았고, 자신의 특색을 갖추는 한편 개방적 성격을 길렀다. 이는 하늘이 영남 지방에 너그럽게 베풀었기 때문이었고, 역사가 광둥 지방에 너그럽게 베풀었기 때문이었다. 발전의 과정에서는 물론 문제점도 있었다. 예를 들면, 지역 발전의 불균형, 화폐 경제의 낙후, 순장 제도의 잔존 등이 그런 것이었다. 그러나 역사는 마침내 전혀 새로운 장을 열었고, 발전의 가속화와 문화적 통일은 거스를 수 없는 대세로 자리 잡았다.

그런데 남쪽으로 내려온 관료, 상인, 지주들이 관심을 보인 것은 금은, 보석, 거마車馬, 특이한 동산[苑], 미녀를 제외하면 다른 어떤 향상된 문화적 요소는 찾아보기 어려웠다. 번화가에서 시인이나 고문헌 수집에 매달리는 학자, 정의와 도덕과 본체론을 토론하는 젊은이나 학생을 만나기는 쉽지 않았다.

04 부처와의 인연

1990년, 광저우에 있는 광효사光孝寺에서 연꽃무늬 와당이 출토되었다. 인도 승려 담마야사曇摩耶舍가 창건한 제지사制旨寺의 유물은 아닐까? 와당에 찍힌 아름다운 연꽃무늬는 꽃잎은 자연스럽고 풍만하고 구부정한 가장자리에는 청춘의 활력이 넘친다. 진흙을 구워 만든 연꽃은 광저우인과 부처의 인연을 보여준다.

동한 말기부터 북방지역은 전란이 빈번했지만, 영남 지방의 광저우 일대는 상대적으로 평화롭고 안정되었다. 역사기록에는 "영가永嘉 연간에는 세상이 온통 피폐했지만 광저우는 태평했다."고 했다. 중원에서는 정국이 요동치면서 진晉나라 황실이 남쪽으로 옮겨갔고, 북방의 많은 명문세족과 백성들도 영남 지방으로 이주하는 상황이 벌어졌다. 「송서宋書」 '주군지州郡志'에 따르면, 남조 시기 송宋나라가 광저우에서 통치한 호구는 49,700가구이던 것이 수나라 때에는 185,800호로 크게 늘어났는데, 그 가운데 상당수는 남방으로 이주한 북방 사람이었다.

인구의 대이동은 북방의 기술·사상·문화가 영남 지방에 전해지는 촉진제가 되었다. 삼국시대 오나라의 유학자 우번虞翻은 광저우에서 강학講學한 적이 있는데, 강학에 참가하여 경전을 연구하고 토론한 사람이 수백 명이나 되었다. 이런 사실은 당시 광저우에는 의리義理의 학문에 관심을 가진 지식인이 적지 않았음을 뜻한다. 이밖에도 동한 때에는 진원陳元이 「춘추春秋」를 연구하고,—「좌씨이동左氏異同」이라는 책을 남겼다.— 양부楊孚가 「이물지異物志」를 지었고, 진晉나라 때에는 왕범王范이 「교광춘추交廣

春秋」를 지었고, 계함嵇숍이 「남방초목장南方草木狀」을 편찬하였고, 배연裵
淵과 고미顧微가 각각 「광주기廣州記」를 지었으니, 학문적 기풍이 제법 성숙했음을 알 수 있다.

역사가 부여한 기회와 인연 덕택에 당시 광저우는 일순간에 중국 남방의 문화 중심지가 되었다.

문화적 기반이 생기고, 진나라와 한나라 이래로 해상교통이 나날이 발달함에 따라, 위진남북조시대에 이르러 광저우는 대외문화교류가 무척 활발해졌다. 광저우인은 중국 역사상 최초로 '서학동점西學東漸'의 분위기를 이끌었는데, 불교와의 만남은 아주 성공적인 문화이식이었다.

불교는 3세기에 처음 광저우에 전해졌는데, 5세기 초에는 빈국(賓國 : 지금의 카슈미르)의 승려 담마야사가 광저우에 사찰을 세우고 불경을 번역하고 불교의 이치를 강학하고 신도들을 제도했다. 훗날 그는 북방으로 올라가 불교를 전하고 경전을 번역했다. 담마야사의 뒤를 이어 인도 승려 구나라발타求那羅跋陀가 광저우에 도착해 광효사 경내에 비로전毘盧殿과 계단戒壇을 세우고, 황제의 칙명에 따라 「오백본경五百本經」과 「가비리율枷毘利律」을 한문으로 번역했다. 526년에는 선종禪宗의 개산조인 보리달마菩提達磨가 지금의 광저우 제구보第九甫에 도착하여, 암자를 짓고 불교를 전파했는데, 훗날 광저우인들은 이것을 기념하여 그가 상륙한 자리를 '서래초지西來初地'로 명명했다. 훗날 보리달마는 금릉(金陵 : 지금의 난징南京)을 거쳐 장강 이북으로 올라가 숭산嵩山 소림사少林寺에서 선법禪法을 전했다. 남조 양梁나라와 진陳나라 때에는 인도의 승려이자 뛰어난 불경번역가인 진체眞諦가 광저우에서 대대적으로 불경번역에 착수하여, 「섭대승론攝大乘論」,

「유식론唯識論」, 「구사론俱舍論」 등 50종이 넘는 불경을 한문으로 번역했다. 이처럼 지속적으로 이어진 불경 번역과 사찰 건립 그리고 강학은 '서학동점'의 문화교류를 이루는 동시에 수많은 중국인 승려를 길러냈다. 당시 광저우의 혜엄慧嚴, 혜개惠愷, 종개宗愷, 법준法準, 혜인慧忍, 명용明勇, 지교智敫 등은 모두 불교에 정통한 고승이었다.

한편, 많은 중국인 승려들이 광저우를 출발하여 서행구법西行求法에 나섰다. 일찍이 서진西晉 말기에 승려 20여 명이 광저우에서 바다를 건너 인도로 구법을 떠났고, 당나라에 들어서는 바닷길을 거쳐 서행구법에 나선 인물이 부쩍 늘어났는데, 「대당서역구법고승전大唐西域求法高僧傳」에는 의정義淨을 비롯한 34명의 행적이 전한다. 당시에는 외국 유학 여건이 대단히 열악했다. 의정이 표현한 것에 따르면, "며칠씩 끼니를 거르기가 일쑤였다. 며칠을 쫄쫄 굶고 아침을 맞으면 아무 생각도 들지 않고 아무 것도 보이지 않았다. 이런 생활을 견디지 못하고 50명이나 떠나버렸고, 남은 사람은 몇 명에 불과했다." 당시 유학은 영주권을 얻고 돈을 벌기 위한 것이 아니라 참된 깨달음을 얻기 위한 것이었다. 의정은 20년 넘게 인도에 머물렀다. 그는 인도 전역을 누비며 각지 사찰의 건축, 부처님의 성적聖迹, 사찰의 관리방식 등을 살피고 불교 경전을 수집했다. 의정은 중국불교의 역사에 있어서 서행구법을 한 '3대 승려'의 한 사람으로 꼽힌다.

지금 광저우인에게 익숙한 광효사, 육용사六榕寺, 화림사華林寺는 그 역사가 동진과 남조 시기로 거슬러올라간다.

광효사는 서한 시기에는 남월왕의 궁궐이었으나, 삼국 오나라에 이르러서는 기도위騎都尉 우번虞翻이 강학하는 장소가 되었다가, 훗날 우번의 집안사람이 불교 사찰로 개축하였고, 401년에는 담마야사가 그곳에 왕원사王園寺의 대전大殿을 세웠다. 이후 지속적으로 중수重修되었는데, 현존하는 일곱 칸의 겹치마 지붕으로 지은 대전은 청나라 순치順治 11년인 1654년에 건립된 것이다.

남조 송나라 때에 광저우에는 보장엄사寶莊嚴寺가 건립되었는데, 양나라 대동大同 3년인 537년에 사찰 경내에 목탑을 세우고 '보장엄사사리탑'이라고 명명했다. 북송 초기에는 사찰과 목탑이 모두 불탔는데, 훗날 중건하여 정혜사淨慧寺가 되었다. 지금 흔히 '육용사'로 부르는 것은 북송 소동파蘇東坡가 '육용六榕'이라는 기념 휘호를 써서 생긴 이름이다.

화림사는 앞서 언급한 보리달마가 도착한 지점에 창건한 '서래암西來庵'에서 유래한 것으로, 청나라 때에 서래암을 대규모로 증축하여 만든 것이다.

세 사찰은 지금까지 참배객과 관광객의 발길을 불러들인다. 하지만 광저우인과 불교의 인연은 이제 학구적 분위기는 완전히 사라진 것 같다. 그저 몇몇 사람만이 이곳이 그 옛날 학문적 번역과 문화교류의 중심지였음을 기억할 뿐이다. 불경에는 "만법萬法은 인연에 따라 생겨나고, 인연이 다하면 법도 사라진다."고 했다. 이제 광저우는 서세동점의 인문人文이 흥성하던 역사의 기상을 되찾지 못하니, 아마도 인연이 다했는가 보다.

05 당나라 여인의 꽃비녀

당나라 때에 영남 지방에는 도성 장안長安의 대명궁大明宮 함원전含元殿 같은 웅장하고 아름다운 건축물은 없었고, 당시 명성을 떨치던 '진왕파진무秦王破陣舞'[20] 같은 것도 없었다.

아무리 호방한 기상을 떨치는 젊은이라도 광저우에서는 상업의 처마 아래 고귀한 머리를 숙일 수밖에 없었다. 지금도 광저우에서는 뛰어난 인재가 '성당지음盛唐之音'을 모색한대도, 크게 낙담하고 갈림길에서 울면서 돌아갈 것임에 틀림없다.

어떤 물건이 많고 적은 것도 상징성이 있는 것처럼 보인다. 국내외에 널리 알려진 '당삼채唐三彩'는 영남 지방에서는 의외로 찾아보기 어렵다. 1987년에 광저우에서 발견된 제작 연대를 알 수 없는 '당삼채'는 이런 공백을 메울 것으로 추측된다. 저명한 역사지리학자 탄치샹譚其驤은 중원 '성당盛唐의 기상'으로 영남 지방의 당풍唐風을 바랄 수는 없음이 자명하다고 했는데, 문화의 지역적 차이에 대한 통찰력 있는 견해라고 하겠다.

당나라 때에 광저우는 해상 교통과 무역이 발달했는데, 실크 · 향료 · 도자기는 광저우의 대외무역에 있어서 주요한 거래품목이었다. 당시 광저우의 하루 대외무역액은 5만 디나르에 이르렀다. 아라비아의 디나르는 청나라 말기를 기준으로 하면, 중국의 백은白銀 3냥에 상당한다. 당나라 중앙정부는 광저우에 재정의 상당 부분을 의존했다. 「신당서新唐書」'황소전黃巢傳'에 따르면, 황소가 안남

20) 당나라 때에 유무주(劉武周)의 반란을 진압한 진왕(秦王) 이세민(李世民)의 치적을 찬양하고자 옛 곡에 새 가사를 붙여 만든 악곡 이름. 칠덕무(七德舞).

도호부 광주절도사로 보내줄 것을 조정에 요청하자, 우복야 간종干琮은 "남해에서는 저자와 선박에서 세금을 거두지 못하여, 도적들이 갈수록 부를 축적하고 국용國用에는 차질이 생깁니다."라고 했다. 조정에서는 지금의 홍콩 툰먼구屯門區 인근에 남해함대를 창설하여 중국 상선을 보호했는데, 해상에서의 위풍당당한 모습은 상업적 분위기가 짙었고, 성을 함락하고 영토를 빼앗는 고전적 전쟁과는 사뭇 달랐다.

당시 광저우에는 상당히 많은 '호인胡人'이 비즈니스에 종사했다. 그들은 교역회에서 무표백 생사生絲를 골라내고, 또 대외무역에 있어서 중국 측의 느려터진 업무처리, 관료주의, 교조주의에 분통을 터뜨렸다. 그러나 대외무역과 국내 상업이 발달하면서 광저우인은 차츰 경영을 배우게 되었고, 조정에서는 최초로 광저우에 외국상인을 위한 거주지를 만들고 또 대외무역을 통제하는 기구인 '세관稅關'—당나라 때에는 시박사市舶使라고 불렀다.—을 설치했다. 근대에 이르러 중요해진 이런 개념들을 광저우인은 이미 1,400여 년 전부터 접촉한 것이다.

이런 상업적 분위기 속에서 공예는 정치적 성격을 지닌 설교문예보다 한결 눈에 띄게 발달했다. 당나라 당시에 광저우의 금속공예는 수준이 매우 높았다. 청동거울은 실용성을 지녔고, 또 널리 유행하였는데, 주강 강변에서 이별하는 나그네의 마지막 선물이었고, 오릉의 소년이 유정춘삼柳亭春衫에게 건넨 첫 마음이었다. 이밖에도 각종 금은 장식품이 영남 지방에서 유행했는데, 영남 지방 당나라 고분에서 나온 금은 제품은 대부분 비녀, 반지, 매듭장식, 도금한 그림카드 같은 소형 장식품이다. 특히 비녀는 소채素釵, 화월채花月釵, 전지채纏枝釵 등 모양이 다양한데, 광저우에서 발굴된 한 고분에서는 8점의 장식품 가운데 그림카드 1점을 제외하면 모두 비녀였다. 중국인의 전통적 심미관에 있어서, 비녀는 작은 물건이지만 깊은 감정을 내보이는 증표가 된다. 당나라 시가에는 비녀를 많이 노래했는데, 이백李白은 「백두음白頭吟」에서 "머리에 꽂은 옥제비 비녀는, 첩이 시집올 때 가져왔지요."(頭上玉燕釵, 是妾嫁時物.)라고 하였고, 백거이白居易는 「장한가長恨歌」에서 "취교와 금작이 옥소두와 함께 떨어졌지."(翠翹金雀玉搔頭.)라고 했다. 광저우에서 발견된 도금한 머리장식품은 주조하여 금박을 입힌 것이든 깎아서 뚫은 것이든 모두 대단히 정교한데, 구름 같은 머리에 꽂으면 얼마나 아름답고 발랄할지 상상이 된다.

지금 광저우거리를 거닐면서 당나라에 관련된 기억을 찾기는 어렵다. 회성사懷聖寺의 광탑만이 당나라 당시의 풍모를 어렴풋이 내보일 뿐이다. 회성사가 있는 자리는 당나라 때에는 아라비아 상인들이 모여 살던 번방蕃坊의 중심지로, 당나라 초기에 아라비아 출신의 이슬람 선교사 아부 와거수[21]가 창건하였다고 전한다. 이는 중국에 현존하는 최초의 이슬람교 청진사(淸眞寺:모스크)인데, 현재의 건물은 오랜 세월에 걸쳐 중수重修한 것이다. 우뚝한 광탑은 벽돌로 속을 채운 기둥 모양의 탑으로, 높이가 36.3m인데, 이맘Imam이 신도들을 불러 모으거나 주강을 운행하는 선박을 인도하는 등대의 역할을 했다. 푸른 하늘을 가르며 우뚝 서 있는 자태는 간결하면서도 우아하여, 마치 혼연일체가 된 은빛 붓과도 같고, 우뚝한 모습은 자부심과 겸손함이 어울린 것 같다. 이제 광탑에 깃발을 올리거나 등불을 밝히는 이는 없고, 하루 다섯 번씩 꼭대기에

21) ?~629. 마호메트의 제자. 631년에 광저우에 중국 최초의 모스크를 세우고 이슬람교를 전파했다.

올라가 신도들을 부르던 이맘의 이까마Iqamah 소리도 들리지 않은 지 오래되었지만, 광탑은 이 도시가 겪은 온갖 풍파의 증거물이다. 내가 중학교에 다니던 시절에, 교실 창문이 광탑을 향해 나 있었는데, 거리가 1백 수십 미터에 지나지 않았다. 당시 나는 우두커니 광탑을 바라보곤 하였는데, 광탑에 넋을 빼앗긴 소년의 마음은 광탑을 에워싸고 흘러가는 뭉게구름과도 같았다.

당나라 당시에 광저우는 매우 번영하였다. 당시 인구는 대략 30만 명에 이르렀고,—원화(元和:806~820년) 연간의 통계이다.— 여기에 수만 명의 외래 인구가 있었다. 주강에서 상륙하여 남문南門으로 가면 상가가 줄지은 번화한 상업가였고, 동북쪽 교외는 감계甘溪와 협계夾溪가 흐르고 녹음이 우거져 행락객들이 즐겨 찾는 곳이었다. 도시 서쪽을 흐르는 강에는 많은 선박이 숲을 이루었고 광탑이 우뚝 솟아 있었다. 그곳에는 "높은 가을달이 장성을 비추는"(高高秋月照長城) 풍광은 없고, "장사치들이 이익만 중시하고 이별은 우습게 여기는"(商人重利輕別離) 장면만 있었다. 또 하늘로 날아오르는 천마天馬는 없고, 우거진 수풀 속에 당나라 사람의 꽃비녀만 보일 뿐이었다. 당나라 당시 광저우인은 풍요하게 삶을 즐겼다.

06 남한의 영석과 유화

당나라 말기, 세상은 급격히 정치적 혼란에 빠져들었다. 안사安史의 난 이후에 왕선지王仙芝는 복양濮陽에서 봉기하고, 황소黃巢는 박주亳州를 공격하고, 진종권秦宗權은 강회江淮를 유린했다. 말발굽이 밟고 지나간 마을은 쑥대밭이 되었고, 사람들은 죽어나갔으며, 유리걸식하는 피난민이 도처에 흘러넘쳤다.

879년, 황소의 반군은 지친 군사를 이끌고 광저우를 공격했지만 몇 달 후 전염병이 창궐하여 호상(湖湘 : 지금의 후난성湖南省 일대)으로 물러남으로써 영남 지방은 전란에 의한 손실을 그다지 입지 않을 수 있었다.

911년, 유엄劉龑은 한 지역을 기반으로 일어나, 917년에 광저우에서 스스로 황제를 일컬으며 나라를 세우고 국호를 '대월大越'이라고 했다.— 나중에 '한漢'으로 고쳤다.— 역사에서는 이를 남한南漢이라고 부른다. 남한이 영남 지방을 통치한 것은 겨우 네 명의 황제, 50여 년에 지나지 않지만, 그 동안에 문치文治는 자못 진전되었다. 첸무錢穆[22]는 당시 북방은 상황이 엉망이었지만 남방의 경우는 문명과 문물이 모양새를 유지하고 있었다고 평가하였다. 그는 몇몇 사례를 거론하면서, 남한의 유엄劉巖이—유엄에게는 유암이라는 이름도 있었다.— 기용한 자사刺史 가운데 무인武人 출신이 한 명도 없었던 것은 "북방에서는 불가능한 일이었다."고 했다.

건국 초기에 당나라의 법률과 제도를 본뜬 남한은 주현州縣을 충실하게 하고, 광저우를 흥왕부興王府로 삼았는데, 과거제도를 시행하여 인재

[22] 1895~1990. 중국의 국학자(國學者), 역사학자.

를 찾고, 화폐를 만들어 상업을 일으키는 등 문치를 진작하고 경제를 부흥시켰다. 하지만 황제들은 매우 사치스럽게 생활했다. 유창劉鋹이 통치하던 시절에 나라 전체의 호구는 17만 호를 조금 넘었지만 대궐의 환관과 궁녀는 2만 명이 넘었다. 게다가 가혹한 정치와 엄한 형벌로 백성들은 궁지로 내몰렸기 때문에 송나라 군사가 국경을 압박하자 남한의 백성 대부분은 송나라 군사를 반갑게 맞았다.

남한 흥왕부의 대궐, 누대, 원림, 수각水閣은 광저우의 역사에 있어서 중요한 자리를 차지할 뿐 아니라 중국 고전 원림의 역사에 있어서도 중요한 지위를 지닌다.

건국 초기에 남한은 대대적으로 토목공사를 일으켰다. 당시 흥왕부에만 해도 40개가 넘는 궁궐과 사찰을 비롯해 다수의 동물원, 식물원, 정사亭榭가 있었다. 겨우 17만 호에 지나지 않는 나라의 도성이 누각과 누각이 줄지은 광경이 연출된 것이다. 지금은 비록 깨진 기와조각 한 장 찾아볼 수 없지만, 옛 문헌에는 이런 기록이 전한다.

화려한 건물을 지어 아름답게 치장하고 온갖 진귀한 보배로 채웠다.
―「남한서南漢書」 '고조기高祖紀'―

금으로 하늘을 만들고, 은으로 땅을 만들고, 처마·기둥·서까래는 모두 은으로 장식했다. 전각 아래에는 연못을 파서 진주를 채우고, 수정과 호박으로 해와 달을 만들고, 동쪽 누각과 서쪽 누각에는 황제가 손수 편액을 썼다.

―「오국기사五國紀事」―

영남의 한쪽 지방에 자리하고 있으면서, 금은으로 화려하게 치장한 것은 정말 놀라운 일이다.

호화로운 궁궐 밖에는 갖가지 원림, 연못, 동물원, 식물원이 있었는데, 자못 흥미로운 곳이었다.

지금의 광저우시 자오위로에 있는 난팡극장의 북쪽에는 당시 남궁약주南宮藥洲 터가 남아 있는데, 남한의 유창이 광저우 서쪽에 호수를 만들고, 방사方士들을 불러 모래톱에서 단약丹藥을 빚었기 때문에 '약주'로 불린다. 약주 옆에는 아홉 개의 거대한 바위를 세웠는데, 구요석九曜石으로 불린다. 지금 호수 깊이 남아 있는 옛터에는 크고 작은 돌덩이가 흩어져 있는데, 현존하는 것 가운데 가장 오래된 원림의 유석遺石이다.

위진魏晉시대 이후로 고사高士들 사이에는 강호와 산림에 은둔하는 유행이 퍼졌다. 당나라 백거이는 「쌍석雙石」, 「태호석기太湖石記」 같은 작품에서 기석奇石과 사람이 어우러진 인문적 시경詩境을 담아냈다. 중국 문인들이 기석을 좋아한 데는 몇 가지 이유가 있었다. 첫째, 기석은 여러 곳에서 가져오기에, 정자와 원림 속에서도 멀리 있는 것을 즐길 수 있었다. 태호석이나 동정석은 말할 것도 없고, 엄단嚴灘이니 여부廬阜니 하는 것은 산지의 이름만으로도 한껏 흥취를 돋울 수 있었다. 둘째, 기석에는 사람의 마음을 헤아리는 영성이 있어서 사람이 기석과 벗이 될 수 있다는 것을 깨달았기 때문이다. 셋째, 기이한 모양은 즐거우면서도 헤아리기 어렵고, 질서가 있으면서도 자연스레 감추는 것이 있어서, "천지天地는 원대한 아름다움을 지녔으면서도 아무런 말이 없다."는 이치를 내보였기 때문이다. 남궁약주의 구요석은 남송 미불米芾[23]과도 인연을 맺었다. 미불이 기석을 몹시 사랑한 것은 중국의 문인이 기석을 좋아하였다는 하나의 증표다. 구요석에는 그가 쓴 글씨가 있다.

약주 이외에도 남한의 원림에는 "기암괴석이 대단히 많았고", "연못에는 기석이 병풍처럼 줄지어 있었다."는 기록이 있어서, 기암괴석이 빼어난 경관은 남한의 원림이 지닌 특징의 하나였음을 알 수 있다.

또 한 가지 특징은 물과 꽃이 어우러진 경관이다. 시관西關, 반탕泮塘, 리즈만荔枝灣 일대에는 방화원芳花園, 화림원花林園, 서원西園, 소씨화원蘇氏花園 등이 있었다. 이곳은 물이 많은 곳으로, 연꽃과 올방개 따위가 있고, 수면에는 갖가지 화초가 비춘다. 반탕에 있는 화오花塢에는 봄비를 맞으며 떠는 파초와 흔들리는 촛불 그림자가 어우러져 절묘한 풍경을 연출한다. 초여름이면 리즈만에는 향기가 진한 붉은 꽃잎이 피어난다. 이른 새벽이면 아침단장을 하는 궁녀들이 구름 같은 머리를 감느라 꽃잎을 떨어뜨리고, 물결을 따라 흘러가는 떨어진 꽃잎을 근심어린 눈길로 하염없이 내려다본다. 그 심정을 누구에게 하소연하겠는가? 호수에 걸린 다리에서 물결을 굽어보던 시인은 흘러가는 꽃잎을 보면서 그리운 이를 떠올렸고, 이에 다리에 '유화교流花橋'라는 가슴 시린 이름을 붙였다. 하늘 아래에 이보다 더 감미롭고 쓸쓸한 다리가 있을까? 지금의 광저우 유화호공원의 푸른 물결과 꽃잎에는 온갖 풍정風情이 넘실댔던 것이다.

남한은 홍왕부의 남성南城을 확장하고 '신新남성'이라고 불렀다. 당

[23] 1051~1107. 송나라의 서예가, 화가. 수묵화, 문장, 고미술에 조예가 깊었다.

시 도시는 크게 두 가지 방향으로 확장이 이루어졌는데, 상업지역을 늘려서 상업을 발전시키고, 도시를 공원화했다. 「송사宋史」 '유창전劉鋹傳'에는 "성벽과 해자는 아름답게 꾸며 누각과 연못으로 만들고, 병선兵船은 없애고 무기는 녹이 슬었다."라고 하였다. 유씨 정권이 몹시 사치스러웠다는 사실을 모른다면, 무기를 녹여 농기구로 만들고 참호를 없애 꽃이 핀 시내로 만든 것처럼 보일 것이다.

유씨 정권이 국력을 소모하며 연못과 동산을 조성하는 데 매달린 것은 결국 망국을 재촉하고 말았다. 송나라 군사가 성에 들이닥치자 유씨 정권이 할 수 있었던 것은 궁궐을 모조리 불사르는 것뿐이었다.

07 집집마다 밥 짓는 연기가 피어오르고

송나라 당시, 북방은 오래도록 전란의 그늘을 벗어나지 못했지만, 광남양로廣南兩路는 상대적으로 안정되어 이전보다 더 많은 사람들이 이주해 왔다. 주강삼각주를 대거 개간하고 대규모 수리공사를 벌이고 농업기술이 발전하면서, 영남 지방 농업에는 근본적 변화가 생겼다. 아울러 수공업, 상업, 수륙 교통도 함께 발전하면서, 영남은 새로운 번영의 시대로 접어들었다.

중국의 도시발전 역사에 있어서 송나라 때에는 도시의 상업화 현상이 두드러졌다. 특히 당나라 때까지 도성에서 시행한 야간 통행금지와 이방里坊 제도를 없앤 것은 가장 큰 특징이었다. 상업 활동이 시간에 구애받지 않게 되자 야시장이 형성되어, 오경五更에 등불을 밝히고 날이 새면 철시하는 천광허天光墟─당시 사람들은 '귀시鬼市'라고 불렀다.─가 생겼다. 당시 도성이던 동경(東京: 지금의 허난성河南省 카이펑開封)에는 술집, 찻집, 기생집이 수효를 헤아릴 수 없을 정도로 즐비했는데, 특히 양루楊樓, 번루樊樓, 팔선루八仙樓 등은 아주 유명했다. 거리 곳곳에는 와사瓦舍라는 유희장과 구란句欄이라는 공연장이 있어서 각종 기예와 공연이 밤낮으로 펼쳐졌고, 소시지·향당香糖·과일을 파는 상인들이 도처에 넘쳐났다.

당시 광저우도 상업이 번창한 도시였는데, 동경에 비하면 해로를 통한 국제무역의 성격이 강했다. 당시 정사맹程師孟은 "점포마다 햇살이 진주시장을 비추고, 집집마다 연기가 벽옥의 성에 피어오른다. 산과 바다는 중국의 보물창고이고, 선박에서는 외국인의 인정을 본다.(千門日照珍珠市, 萬瓦

烟生碧玉城. 山海是爲中國藏, 梯航尤見外夷情.)"는 유명한 시를 남겼다. 그는 광저우의 번영은 선박을 타고 드나드는 외국 상인들과 큰 관계가 있다고 생각했다. 남송 때에 유극장劉克莊은 광저우에서 「즉사即事」라는 시를 지어 광저우의 번화함은 북녘에 남겨둔 옛 도성에 대한 그리움을 달랠 수 있다고 묘사했다.

당시 광저우인의 심리는 오늘날과 비슷한 구석이 있었다. "누구나 부자가 되고 싶어서, 농사꾼이든 장사꾼이든 기술자든 모두 돈을 벌기 위해 밤낮없이 열심히 일했고", "집안에서든 집밖에서든, 아침부터 저녁까지 오로지 돈만 좇아서" 장사로 큰돈을 모은 부자가 많이 나왔다.

당시 20여 차례에 걸친 대규모 공사를 거쳐 중성中城·동성東城·서성西城 세 지역을 기본 구성으로 하는 송대의 광저우가 만들어졌다. 평면도를 보면, 당시 광저우는 북송의 도성 변량汴梁—지금의 허난성 카이펑—이나 남송의 평강平江—지금의 장쑤성 쑤저우蘇州—과는 달리, 전혀 계획적이지 않았으며, 인구 증가와 사회적 필요에 따라 자연스럽게 확장된 모습을 보여준다. 이처럼 장점은 적고 폐단은 많은 도시계획의 특징이 여전히 광저우의 발전방식이라는 사실은 자못 흥미로운 일이다.

당시 광저우의 중성·동성·서성을 살펴보자. 인구가 조밀한 서성에는 대규모 저택이 늘어서 있었는데, 집집마다 밥 짓는 연기가 피어오르는 것 같은 느낌을 준다. 그 일대에는 물을 채운 해자와 다리 그림자가 넘실댔다. 지금의 하이주로海珠路에서 후이푸서로惠福西路와 난하오가南濠街를 지나 비궁항畢公巷까지는 당시 광저우의 번화가였다. 화려하게 치장한 높은 건물이 줄지어 있고, 물을 채운 해자 옆으로는 버드나무가 붉은 누각과 조화를 이루었으며, 구름머리를 한 월녀越女는 음악을 연주했다. 거리를 따라 동쪽으로 가면 내가 어린 시절에 뛰어놀던 마싱가麻行街, 샹야가象牙街, 마나오가瑪瑙街, 미스가米市街가 나온다. 송나라 때에 이 일대는 대외무역의 중심지였다. 지금은 평범한 시민들이 장사를 하는 거리로, 사람들로 북적댄다는 점은 옛날과 다르지 않지만, 송나라 당시의 정취는 찾아볼 수 없다.

송나라 때에 광저우에는 처음으로 '양성팔경羊城八景'이 등장했다. 즉 '부서욕일扶胥浴日', '석문반조石門返照', '해산효제海山曉霽', '주강추색珠江秋色', '국호운영菊湖雲影', '포간렴천蒲澗濂泉', '광효보리光孝菩提', '대통연우大通煙雨'가 그것이다. 지금은 풍경이 달라졌지만, 팔경 가운데 '해산효제'만 인공 구조물과 관계가 있을 뿐이라는 사실이 눈길을 끈다. 새로 선정한 광저우의 '신新팔경'은 대개 인공적이거나 상업적인 것과 무관하지 않다.

송나라 당시 광저우는 도시기능이 이미 근대 도시에 가까워졌고, 도시 성격은 시민문화와 상업문화의 성격을 확연하게 내보였는데, 오늘날 광저우의 발전은 흔히 송나라 당시 광저우의 발전에 비견된다.

광저우를 소개하는 엽서·잡지·서적에는 육용사六榕寺 화탑花塔의 아름다운 모습이 자주 실린다. 육용사는 전신이 남량南梁 때에 건립한 보장엄사寶莊嚴寺다. 사찰 경내의 화탑은 송나라 때에 처음 만든 것으로, 대대로 중수되었음에도, 탑신은 북송 때의 모습을 유지하고 있다. 팔각형의 9층 화탑은 높이가 57.6m이고, 벽돌과 나무가 혼합된 구조인데, 당당하고 화려한 기풍이면서도 층마다 붉게 칠한 난간과 기둥, 푸른 기와와 담장은 저잣거리에 있는 누각처럼 친근하고 평화로운 인상을 준다. 화탑은 당나라 때에 세운 광탑과는 시간적으로 그리 멀지 않지만, 기풍은 사뭇 다르다. 광저우인이나 다른 지역의 중국인은 광탑보다는 화탑을 더 좋아할 것 같다는 생각이 든다.

송나라 당시에 광저우는 자기瓷器의 주요 산지이자 대외 수출 창구였다. 특히 서촌요西村窯의 청백자가 유명한데, 고운 바탕에 흰 빛깔로, 각지 유명 가마의 장점을 두루 받아들여 디자인과 무늬가 다채롭다. 서촌요에서 구운 자기는 중국에서는 보기 드물지만, 오히려 동남아시아 일대에서는 흔히 발견된다.

송나라 자기는 대단히 아름다우며, 광저우인의 하오차下午茶처럼 그윽한 맛을 지닌다. 당시 술집과 음식점에서는 정교하고 아름답고 고상하고 깨끗한 자기로 손님을 끌었는데, 그 높은 품격은 지금 광저우의 유명 해산물 식당이 고개를 들 수 없게 만든다. 그것은 송나라 자기가 광저우에서 일군 문화적 토양이었다. 송나라 당시 광저우는 뛰어난 기상을 지녔던 것임에 틀림없다.

08 오층루에서

명나라 홍무洪武 13년인 1380년, 주원장朱元璋의 개국 공신 가운데 한 사람인 영가후永嘉侯 주량조朱亮祖는 광저우 월수산에 5층짜리 망루를 세웠다. 당초 사람들은 '오층루'라고 불렀다. 명나라 말기의 문장가 굴대균屈大均은 주량조가 망루를 지은 것은 "황제의 기운이 있는 자를 누르려는" 의도였다고 했다. 그렇다면 본래 '진해鎭海'의 의미를 지닌 것은 아니었던 것이다. 중앙 조정이 독자적 왕국을 모색하는 지방과 갈등을 빚은 것은 오래된 일이었지만, 광저우인은 오층루가 중앙 조정의 권위를 상징하는 것이라고 생각하지는 않았던 것이다. 훗날 명나라 성화(成化:1465~1487) 연간에 화재로 훼손된 오층루를 중건하면서 장악張岳이 '진해루鎭海樓'라는 편액을 써 붙임에 따라 오층루는 비로소 '웅진해강雄鎭海疆'의 의미를 갖게 되었다.

지금도 광저우인은 월수산의 진해루를 여전히 '오층루'로 부른다. 내가 기억하기로는 문화대혁명文化大革命[24]이 발생하기 이전에 「양성만보羊城晚報」[25]에는 '오층루 아래에서'(五層樓下)라는 칼럼이 있었는데, 예로부터 광저우를 상징하는 건축물은 오층루뿐이었다. 오층루는 명나라 초기에 세워진 이래로 6백년이 넘는 세월이 흘렀다. 지금도 오층루의 5층에 올라가면 기둥에 붙어 있는 대련對聯이 눈에 들어온다.

---

24) 1966년부터 1976년까지 10년에 걸쳐 당시 중국의 최고지도자인 마오쩌둥(毛澤東)에 의해 주도된 극좌 사회주의 정치운동.
25) 1957년 광저우에서 창간된 종합석간신문. 중국의 유력지 가운데 하나.

오천년 세월의 누각은 변함이 없는데,
누가 북두성 움켜쥐고 고금을 주물렀던가?
오백년 성상의 임금은 어디로 떠나서,
내게 난간에 기대어서 영웅을 그리게 하나?

五千劫危樓尙存, 問誰摘斗摩星, 目空今古;
五百年故侯安在, 使我倚欄看劍, 淚灑英雄?

 굳세면서도 마음을 찡하게 만드는 이 대련은 사람들 입에 숱하게 오르내렸다. 청나라 말기에는 구봉갑丘逢甲이「진해루」라는 시 2수를 지었는데, 당시 타이완臺灣 방어에 실패하고 바다를 건너서 진해루에 올라간 그는 이 대련을 보고 감정이 복받쳐 옛 사람들의 시구를 모아 회포를 담아냈다. 지금 광저우인 가운데 이처럼 탄식할 수 있는 자는 몇 명이나 되겠는가?
 사실 명나라 때에 광저우에는 치열한 역사적 분위기가 전혀 없었다. 하지만 원나라 때로 거슬러올라가면, 광저우는 생산력을 빠르게 회복하였고, 특히 대외무역에 힘을 쏟았다. 1279년, 전란의 흙먼지가 겨우 가라앉을 무렵에 원나라 세조世祖는 광동초토사 달로화동達魯花東과 양정벽楊庭璧을 구람국俱藍國—지금의 인도 서해안의 콜람Kollam—에 보내 무역을 유치하게 했다. 또 1286년에는 시박제거사市舶提擧司를 설치했는데, 그것은 송나라 제도를 계승한 것이었지만, 철저하게 관리하고 개방적으로 운영함으로써, 광저우가 금세 국제무역항으로서의 지위를 되찾게 만들었다.
 역사기록에 따르면, 14세기 무렵에 광저우와 직접 교역하던 나라와 지역은 140곳이 넘었다. 또 다른 기록에는, 광저우에는 "수시로 외국 선박이 드나들었고, 금·진주·무소뿔·상아·약재·잡물이 흘러넘쳤으며,

거두어들이는 세금과 쌓아놓은 전폐錢幣가 수만 냥이나 되었다." 원나라 말기에는 "광저우의 풍족함이 세상에 널리 알려져", 당시 외국인들은 광저우가 너무도 아름답다며 부러워했다. 이븐 바투타Ibn Battuta[26]는 여행기「리흘라Rihla」에서 광저우에 '자시가瓷市街'가 있다고 했다. 지금의 차오톈로朝天路에 있는 도자기 거리를 가리킨 것으로 보이는데, 당시에는 번방藩坊의 동북쪽 모퉁이에 있었다.

명나라 때는 영남 지방의 사회와 경제 발전이 규모와 속도에 있어서 이전 시대를 훨씬 능가했다. 이는 농업생산의 신속한 발전, 농업 경제의 부단한 번영, 각 성진城鎭의 허시墟市의 고른 발전에서 집중적으로 나타났는데, 당시 영남 지방이 경제적 규모와 수준에 있어서 전국적으로 앞서갈 수 있는 튼튼한 발판이 되었다. 예를 들어 광화(廣貨:광둥에서 생산된 상품)는 번화한 남경南京의 시장에서 인기를 끌었고, 외지 상인들은 분주하게 광저우를 드나들었으며, 수많은 노동자는 일거리를 찾아 광저우로 모여들었다. 이런 모습은 오늘날 광저우와 대단히 비슷하지 않은가?

광저우의 발전은 문화의 발전에서 보다 잘 나타났다. 각지에 서원書院이 들어서고, 이름난 학자와 관리가 배출되었는데, 주강삼각주 일대에서는 동족끼리 자금을 모아서 학교를 세우고, 가난한 집 자제들이 공부할 수 있도록 '서전書田'을 두어 장려함으로써, 교육을 중시하는 정신을 내보였다. 각지의 동족들이 문화 발전에 미치는 영향은 더욱 높아졌다.

당시 광저우는 세 차례에 걸친 재개발과 확장이 있었다. 첫째, 송나라 당시에 세 지역으로 나눈 것을 통합하여 전체 도시 균형 발전을 도모했

---

[26] 1304~1368. 중세 아랍의 여행가, 탐험가.

다. 둘째, 구시가지가 북쪽 월수산까지 확장되었다. 셋째, 송나라 당시의 남성을 확장하여 주강 연안 상업지역의 번영을 가져왔다. 그리하여 당시 광저우는 북쪽 월수산에서 남쪽 주강에 이르고, 동쪽 동문에서 서쪽 해자에 이르러, 오늘날 광저우 중심지역에 해당되는 지반을 갖추게 되었다. 도시계획의 관점에서 보면, 지역 특색이 강하고 국내외 무역을 주요 산업으로 하는 광저우는 가운데 축을 중심으로 대칭을 이룬 웅장함과 엄정함에 기복·개폐·고저를 유기적으로 통일한 베이징처럼 되기는 불가능했다. 광저우는 당시 산문작품처럼, 단정하고 엄숙하고 청순하고, 스스로 정감을 펼치고 한가로이 거니는 느긋함을 지니고 있었다.

당시 광저우의 '양성팔경'은 도시의 테두리에서 벗어나지 않았는데, 시민 계층의 심미적 욕구를 반영한 것으로 보인다. 당시 사람들은 올라갈 산과 찾아갈 강과 노래할 명소가 시정市井에 있기를 원했다. 마치 송나라 사람이 "세상에는 호젓한 곳이 없다고 생각하거늘, 누구라서 성안에 동천복지가 있음을 알리오?(人間自覺無閑地, 城里誰知有洞天.)"라고 노래한 것처럼 말이다. 당시 '양성팔경'은 '월수송도粤秀松濤', '수석동천穗石洞天', '반산운기番山雲氣', '약주춘효藥洲春曉', '기림소정琪林蘇井', '주강정란珠江靜瀾', '상산초가象山樵歌', '여만어창荔灣漁唱'인데, 많은 곳에 지금도 자취가 남아 있다. 이 가운데 내가 가장 익숙한 곳은 '수석동천'인데, 지금의 후이푸서로의 오선관五仙觀 인근 포산坡山 자락에 있는 '선인무적仙人拇迹'이다. 여기에는 이런 전설이 있다. 벼이삭을 든 다섯 선인仙人이 양을 타고 이곳에 내려왔다. 선인들이 떠나간 뒤에 양은 바위로 변했는데, 바위에 남은 엄지손가락 자국에서 시원한 물이 마르지 않고 흘러나왔다. 선인들이 남긴 바위는 지금 한 초등학교의 연못에 남아 있는데, 나는 바로 그 초등학교에 다녔다. 작은 학교는 게딱지 같은 주택들에 포위되어 있지만, 수백 년 전 그곳은 새벽 종소리가 은은하게 퍼지고 샘물이 졸졸 솟구치는 아름다운 곳이었다.

당시 광저우는 중국 근고近古[27]의 역사에서 중요한 면모를 차츰 드러냈다. 통상 항구로서의 기능이 그것이었다. 명나라 초기에 조정에서는 해적의 침입과 소요를 방지하고자 해금海禁정책을 단행했지만, 전국에서 광저우는 유일하게 예외였다. 가정(嘉靖:1522~1566) 연간에는 해금을 강화하면서 취안저우泉州와 닝보寧波 두 곳에서 시박사를 폐지했지만, 광저우는 존속시킴으로써, 광저우는 전국에서 유일한 대외통상 항구가 되었다. 1517년, 선단을 이끌고 중국을 찾은 포르투갈의 또메 삐에르스Tomé Pires[28]는 광저우에 상륙하여 북경으로 올라가 황제를 알현했다. 이 일은 중국의 대외관계 발전에 있어서 중요한 의미를 지닌다. 즉 중국 자기瓷器의 유럽 수출에 도움을 주어, 처음으로 유럽시장에 맞는 수출용 자기를 생산하게 된 것이다. 당시 광저우는 중국인이 외부 세계와 소통하는 유일한 창구였다.

오층루로 되돌아가 보자. 시인 황제黃節[29]는 「중수진해루기重修鎭海樓記」에서 이렇게 기록했다.

---

27) 중국 역사상 송나라부터 아편전쟁 이전까지를 이르는 말.
28) 또메 삐에르스(1468~1540)는 1511년 리스본을 떠나 인도로 향하여, 1512년에서 1514년 사이에 말레이시아의 말라카에 정착했다. 그곳에서 동양 여러 나라의 관습을 다룬 『쑤마 오리엔딸(Suma Oriental)』을 저술했다.
29) 1873~1935. 근대 영남 문화의 대표적 인물. 시명(詩名)이 특히 높았음.

수리를 하기 전에는 붉은 벽에 푸른 이끼가 끼고 성곽을 따라가면서 무너진 성가퀴가 드러났다. 수리를 하면서 붉게 칠하고 묵은 때를 털어냈다. 말을 타고 굽잇길을 지나 구름을 따라 올라서면, 오령五嶺 남쪽에는 바다가 넘실대는 드넓은 풍경이 한눈에 들어온다. 산과 바다에 의지해 살아가는 것은 예전 그대로다.

오층루는 겉모습은 바뀌지 않았지만, 거기에 담긴 의미와 눈앞에 펼쳐진 산과 바다는 전혀 달라졌다. 그러나 후한민胡漢民은 대련을 지어 이렇게 말했다.

오령의 북쪽에서 내려오니 주해가 가장 달밤이 아름답고,
누대에 저녁나절 바라보니 백운은 아직 한나라 가을이라.

五嶺北來, 珠海最宜明月夜;
層樓晚望, 白雲仍是漢時秋.

문득 앞서 말한 「양성만보」의 '오층루하'라는 칼럼이 이런저런 부정적 현상에 대한 비평을 날마다 실었다는 생각이 떠오른다. 어린 시절에 어머니께서는 "네 녀석을 오층루에 데려다 놓겠다."고 말씀하신 적이 있다. 당시는 어머니께서 소비자로서 정당한 서비스를 받지 못하던 시절이었다. 아무튼 당시 오층루는 이러했다.―어쩌면 혹자는 이것을 '포스트모던의 오층루'라고 말할지도 모르겠다.―

09 붉은 석양

명나라 말기에서 청나라 초기까지는 엄청난 변화가 몰아친 시기였다. 당시 광저우인이 겪은 재난도 유례없이 잔혹했다. 청나라 군사가 월粵 땅에 들이닥치자 남명南明[30]은 궤멸하여 달아났고, 의병이 봉기했지만 승리를 장담할 수 없었으며, 항거가 격렬해질수록 살육도 광폭해졌다. 이에 '광둥삼충廣東三忠'[31]이 나왔고, 광저우가 함락되고는 주민 수만 명이 목숨을 잃었다. 전란이 끝난 뒤에도 연해지방 주민들은 '천계해금遷界海禁'[32] 정책 때문에 가족이 길바닥에서 몰살하는 경우가 적지 않았다. 당시 광저우인이 겪은 고통은 수천 년 동안 유례가 없던 것이었다.

그렇지만 역사적 관점에서 보면, 청나라 왕조에 대한 전반적 평가는 명나라보다는 높다. 진융金庸은 수학적으로 비교할 수는 없지만, 전자가 상당히 높은 정수正數라면, 후자는 상당히 높은 복소수複素數인 셈이라고 했다. 영남 지방의 역사는 이를 사실적으로 입증한다. 강희(康熙:1661~1722) 중기부터 상처는 차츰 아물면서 위안을 받았고, 건륭(乾隆:1711~1799) 연간에는 광둥 지방의 생산력과 경제적 수준이 명나라 당시 수준을 넘어섰다. 나라가 정상적이던 시기의 정치적 상황, 경제적 상황, 백성들의 생활로 보면, 청나라는 명나라보다 나았다. 가장 중요한 것은 청나라 정부가 경

---

30) 명나라가 망하고 난 이후인 1644년부터 1662년까지, 복왕(福王)이 난징(南京)에서, 당왕(唐王)이 푸저우(福州)에서, 계왕(桂王)이 자오칭(肇慶)에서 옹립되어 성립된 지방 정권.
31) 명나라가 망하자 반청복명(反淸復明)의 기치를 들고 저항한 진자장(陳子壯), 진방언(陳邦彦), 장가옥(張家玉)의 세 사람.
32) 강희(康熙) 연간에 청나라 조정은 해외의 반청(反淸) 세력과 내지(內地)의 연계를 막기 위해서 연해의 일정 구역에 경계비나 벽을 세우고 구역 안의 거주민을 이주시킨 정책으로, 이를 거부하면 가차 없이 죽였다.

제 문제에 있어서 간섭이 적었고, 사안에 따라서는 백성들이 스스로 시장 원리에 따라 처리하게 하였다는 점이다.

청나라 초기, 황혼이 드리운 광저우에는 뽕밭과 양어장이 등장했다. 강가 작은 배에서는 뱃노래를 불렀고, 제방에서는 여지荔枝가 향기를 풍기며 익어갔다. 이런 풍경은 요동遼東의 설원雪原에서 피로 목욕하며 치열하게 싸우다 무고로 감옥에 갇히고, 끝내 베이징에서 죽임을 당한 열혈 영웅 원숭환袁崇煥이 상상도 할 수 없던 것이었다. 원숭환은 광둥 둥관東莞 사람이다.

건륭 연간에 광둥 농촌에서는 "경도梗稻:메벼)가 갑절로 수확되었고, 각종 작물이 풍작을 이루었으며", 농민들은 "길에서 노래를 부르고", "저자와 마을에는 풍요함이 넘쳤으며", 도시는 한층 번영했다. 1768년에 광저우를 찾은 영국 상인 윌리엄 지그는 회고록에서 이렇게 썼다.

이 도시에 도착하면, 그림처럼 아름다운 풍경은 넋을 앗아가고, 웅장하면서도 참신한 건물은 이방인을 놀라게 만든다. 배가 바쁘게 오가는 주강의 풍경은 런던 다리 아래를 흐르는 템즈강과도 같은데, 다만 강물에 떠가는 배의 모양이 제각각이고, 큰 범선이 다닌다는 것이 다를 뿐이다. 외국인의 눈에는 주강에 몇 리씩 줄지어 가는 범선보다 더 장관은 없다.

또 광저우에 인접한 포산佛山에 대해서는 "상인들이 모여들어 시장은 흥청대고, 허공에 높이 걸린 간판은 도성보다도 크며, 불야성에는 온갖 물건이 넘쳐난다."고 회고했다. 건륭 후기, 즉 18세기 후반부터 광둥 지방은 온갖 업종이 흥성하고 생활은 확연히 풍요로워졌다.

청나라 당시에 광저우의 전체적 구조는 명나라 때와 별반 다르지 않았다. 북쪽에는 월수산이 있고 남쪽에는 주강이 흐르는 지리적 조건 때문에 주강의 양안을 따라서 서관 평원에서 도시 발전이 진행되었고, 동산東山과 하남河南도 개발이 확대되었다. 당시 외국 상인이 드나들던 이관夷館과 십삼행가十三行街는 광저우의 도시 발전 과정에서 새롭게 등장한 상업 명소였다. 이관은 1822년에 화재로 대부분 소실되고 말았다. 십삼행가에 건물이 늘어나자, 주강을 메워 부두를 만들면서 주강의 수로는 점점 좁아졌. 지금도 광저우인은 강을 건너는 것을 '과해過海', 즉 '바다를 건넌다'고 하는데, 여기에서 '바다'는 청나라 건륭 이후로 급격히 좁아진 주강을 가리킨다.

서관 평원이 개발되면서 건물이 하나둘 모습을 드러냈고, 서관西關은 번영하기 시작했다. 보화가寶華街·봉원가逢源街·다보가多寶街 일대에는 도로망이 바둑판처럼 펼쳐졌고, 광저우인이 흔히 말하는 '서관대옥西關大屋'이 모습을 드러냈다. 하지만 영남 지방 민가民家의 전형적 기풍을 지닌 '서관대옥'은 현재 100칸도 남지 않았다고 한다. 지금 광저우에서 영남 지방의 건축 특징과 장식예술을 집대성한 청나라 당시의 건축물로는 진가사陳家祠를 꼽는다. 진가사는 원래 광둥 지방의 72개 현縣에 사는 진성陳姓 일족의 조상 사당祠堂이자 서원書院으로, 광서光緖 20년인 1894년에 세운 것이다.

광저우는 중국에서 처음으로 철근콘크리트 건물이 등장한 도시다. 진가사가 낙성될 즈음에 잇달아 두 동의 건물이 지어졌다. 하나는 천주교의 성심당聖心堂으로, 광저우인들은 흔히 '석실石室'이라고 부른다. 1863년에 공사가 시작되어 1888년에 완공되었는데, 프랑스인 건축가가 파리의 노트르담 성당을 본 떠 설계한, 높이 58.5m의, 중국에서 가장 높은 고딕식 건축물이다. 다른 하나는 링난대嶺南大의 마정당馬丁堂이다. 1905년에 완성된 이 건물은 링난대의 미국 이사회가 세운 최초의 강의동 가운데 하나다. 이 두 건물은 지금도 당초의 용도 그대로 사용되는데, '석실'은 광저우의 천주교 성당이고, 마정당은 중산대中山大의 인류학과 건물로 사용된다. 종교가 앞서고 교육이 뒤따른 셈인데, 재미있게도 근대 중국에서의 서풍동점西風東漸의 역사이자 광저우의 대외개방과정을 상징한다. 건축은 돌에 새긴 역사라고 하는 말은 틀림없는 말이다.

하지만 청나라 애신각라愛新覺羅 황실에게 광저우는 세관에서 거두는 세금과 진상품의 의미가 있었다. 당시 진상품은 종류가 매우 다양했는데, 금속기·유리제품·법랑·시계·분경盆景·상아조각품·대모玳瑁[33])·산호·채석彩石·호박琥珀·보석·직물·가구 등이 있었다. 황실에서 광저우 진상품을 유난히 좋아한 것은 18세기에 광저우에 흘러넘치던 양품洋品이 광저우의 전통적 수공업에 큰 영향을 줌으로써 견직·목기木器·금속·유리 등 전통공예에 큰 변화를 가져왔기 때문이었다. 한편 양품의 긍정적 영향으로 광저우에는 참태법랑斬胎琺瑯·화법랑畵琺瑯·투명법랑과 시계 같은 신흥 수제 공예품이 등장했다. 문화재 전문가 양보다楊伯達는 "굴대균이 살았던 시절에 광동의 공예가 청나라 전체에서 차지하던 지위는 '쑤저우蘇州 스타일'에 지나지 않았고, '광저우의 장인'은 기술적으

33) 임브리케이트 터틀(Imbricate turtle). 매부리바다거북.

로만 한 자리를 차지했을 뿐이었다면, 강희 말년에서 옹정과 건륭 초기까지의 약 반세기 동안에는 신속하게 발전하여 베이징·쑤저우·양저우와는 다른 '광둥 스타일'을 이루었고, 황실을 비롯하여 쑤저우·양저우·베이징의 공예 형식과 디자인에 영향을 미쳤다."고 단언했다. 하지만 서풍 동점의 긍정적 효과는 황실의 환심을 사는 기이한 물건과 기이한 솜씨에서만 잘 드러날 뿐 중국 근대사에서 광저우가 중국인에 대하여 갖던 더욱 중요한 의미는 덮이고 말았다.

한편 민간에서는 주강 기슭의 중국인과 18, 9세기 유럽인이 함께 만든 많은 이야기가 생겨났지만, 찬란한 노을처럼 이내 하늘너머로 슬며시 사라지고 말았다. 18세기 중엽에 광저우에는 수출화輸出畵를 거래하는 업종이 모습을 드러내더니, 19세기 초에 이르러 호황을 누렸다. 수출화는 풍속이나 풍경을 스케치한 관광기념품 성격의 수출용 그림이다. 이는 당시 유럽에 번지던 '중국 붐'에 따라 유럽의 화가들이 중국의 연해 도시를 찾아와 홍콩·마카오·광저우 등지의 풍속과 풍경을 스케치한 것이 유럽 사람에게 크게 인기를 끌면서 생겨났다. 광저우인은 이런 기회를 포착하여 외국 상인이 모여드는 십삼행 일대에 화랑을 열고 화가를 고용하여 각종 그림을 대량으로 제작했다. 이런 업종의 성황은 당시 광저우의 상업문화가 수출지향형 성격을 뚜렷이 지니고 있었음을 보여주며, 아울러 당시 광저우인이 기회포착에 뛰어나고 새로운 업종의 개척에 과감하고, 또 국제시장에 적극적으로 나서는 등 경제적 수완을 잘 펼쳤음을 보여준다.

하지만 상업만 중시하고 문화는 경시하는, 세속적 심미안을 지닌 광저우인의 태도가 이 무렵에 형성되었다는 결론을 내린다면, 그것은 옳지 않다. 중국 서예의 역사에 정통한 사람이라면 누구나 알고 있듯이, 청나라의 비학碑學은 서예의 역사에서 절정에 이르렀다. 전기에는 첩학帖學이, 후기에는 비학碑學이 각각 발전했는데, 서풍書風은 속박에서 해방으로, 얌전함에서 굳건함으로 나아가고, 관각館閣에서 산중의 암자까지 뻗어나가, 만청晩晴에 들어서는 공활하고 아득한 모습을 드러냈다. 이 무렵에 광둥 출신의 캉여우웨이康有爲는 "웅장함은 하늘 기슭의 말이고, 뛰어남은 사람 가운데 용이다.(開張天岸馬, 奇逸人中龍.)"라는 유명한 대련을 지었다. 이처럼 씩씩하고 호쾌한 기상이야말로 당시 사람들이 생각한 광저우인의 모습이 아닐까?

저물어가는 중국의 전통사회와는 달리 광저우는 새로운 태양을 가장 먼저 맞이한 동방의 도시였다. 거드름을 피우는 중앙 조정에 통제를 받지 않고, 푸른 해양문명 속에서 비바람을 맞으며 자유롭게 세상물정을 경험하고, 자신의 운명을 보다 자주적으로 선택할 힘을 지녔더라면, 그리고 이 모든 것이 가정이 아니라면, 광저우의 역사가 어떻게 전개되었을지는 아무도 모른다.

10 전사는 남월을 가리키고

마오쩌둥은 시사詩詞에서 "월 땅에서 마신 차를 잊을 수 없다.(飮茶粤海未能忘.)"고 하여, 광저우의 차루茶樓에서 류야쯔柳亞子와 함께 차를 마신 일을 회상했다. 광저우인의 음차풍속은 위대한 지도자의 회고 덕택에 크게 명성을 떨치게 되었는데, 이런 사실은 문화대혁명을 겪는 광저우인에게도 포근한 느낌을 주었다.

당시 남쪽 광저우에 내려온 북방 출신의 홍위병紅衛兵[34]은 "네 가지 낡은 것을 혁파하고, 네 가지 새로운 것을 확립하려"[35] 하였지만, 광저우인의 음차 관습만은 바꿔놓지 못했다. 자신들의 붉은 총사령관조차도 월 땅에서 마신 차를 잊지 못하였기 때문이다.

마오쩌둥은 장정長征 직전에 오령五嶺을 넘은 적이 있었다. 당시 그는 남쪽 하늘을 바라보며 답답한 마음을 털어냈고, 이에 "전사가 가리킨 남쪽 월 땅은, 더없이 울창하구나.(戰士指看南粤, 更加鬱鬱葱葱.)라는 시구를 남겼다. '월 땅에서 차를 마신 것'에 비하면, '전사'는 훨씬 기세가 호방하고, 전투의지가 확연하다. 때문에 이 시구는 광저우인은 물론 광둥인 모두에게 가장 씩씩한 구호가 되었다. 당시 광둥성 혁명위원회의 성립을 축하한 양보일간兩報一刊[36]의 사설 제목도 바로 이 시구였다.

마오쩌둥이 영남 지방에 큰 기대를 걸었던 것도 당연했다. 중국 근대 정치사에서 광저우가 행한 역할이

---

[34] 문화대혁명 당시에 준(準)군사조직을 만들어 투쟁한 대학생 및 고교생 집단.
[35] '낡은 사상, 낡은 문화, 낡은 풍속, 낡은 습관'과 '새로운 사상, 새로운 문화, 새로운 풍속, 새로운 습관'을 가리킨다.
[36] 문화대혁명 당시에 사용된 말로, 「인민일보(人民日報)」, 「해방군보(解放軍報)」와 잡지「홍기(紅旗)」를 가리킨다.

너무도 컸기 때문이다. 제국의 통치 아래에서 광저우는 오랫동안 전국 유일의 대외통상 항구였고, 또 가장 먼저 바다를 통한 수출주도형 경제구조를 만들었다. 광저우는 백 년 동안 잠들어 있던 중국에서 견문을 넓히고 세계를 바라볼 수 있는 최초의 창구였고, 광저우인은 서구 열강의 강력한 함선과 대포를 가장 먼저 경험하고, 또 서양에서 과학적 진리를 배우려고 모색한 최초의 중국인이었다. 따라서 중국 근대의 시작은 일정 정도 광저우인을 중심으로 시작되었다고 할 것이다.

중국 근대사에서, 임칙서林則徐[37]는 "시야를 넓혀서 세계를 바라본" 최초의 인물이다. 그것은 광저우에서 관리생활을 지낸 그의 이력과도 무관하지 않다. 임칙서는 광저우에 중국 최초의 '역서관譯書館'을 세우고 외국 서적과 신문을 번역하여, 정부관리가 번역을 주관하여 서양 문화를 소개하고 연구하는 선례가 되었다. 하지만 임칙서의 최후는 비극적이었다. 서양에 대한 통찰은 매우 높았지만, 중국의 전제정치와 관료계의 부패에 대해서는 속수무책이었기 때문이다. 임칙서의 세상은 광저우가 근대 중국에 선사한 최대의 선물이었지만, 광저우가 길러낸 임칙서는 중국의 운명을 바꿔놓았다. 그가 주도한 아편금지운동은 아편전쟁을 불러왔고, 이로부터 중국의 역사는 파란만장한 길로 들어섰던 것이다.

역시 경국經國의 재능을 지녔던 위원魏源은 임칙서를 눈물로 떠나보낸 뒤인 1847년에, 「해국도지海國圖志」를 완성하기 위해, 광저우·홍콩·마카오 등지를 돌아다녔다. 그는 광저우에서 학해당學海堂의 학장인 진례陳澧를 방문하고, 마카오에서 교양

---

37) 1785~1850. 청나라 말기의 정치가. 흠차대신(欽差大臣)이 되어 밀수한 아편을 불태우고 수입금지를 명하여 아편전쟁을 불러왔다.

있는 포르투갈인을 예방하여 안목을 크게 넓힘으로써, 마침내 "오랑캐의 장점을 본받아 오랑캐를 제압하자"(以夷制夷)는 생각을 갖게 되었다.

오랜 대외개방과 상업문화가 중심을 이루는 도시 성격을 지닌 광저우는 근대 중국의 새로운 사조와 변혁의 발원지였다. 아편전쟁 이후로 서학동점의 물결에 따라 서양에서 진리를 찾으려는 사고의 전환이 커다란 추세를 이루면서, 광저우는 근대 사상사에 있어서 새로운 사상의 요람이자 실험장이 되었다.

광저우 화현花縣 출신의 홍수전洪秀全[38]은 유학과 농민의 전통에 기독교를 융합하여 평균주의 사상을 내놓았다. 비록 황당한 구석이 많았지만, 그가 보인 반역의 용기와 기발한 사고는 전체 중국인을 일깨웠다.

홍인간洪仁玕[39]의 「자정신편資政新篇」[40]은 중국의 근대화를 구상한 청사진과도 같았다. 비록 시대적 상황과 맞지 않아서 휴지조각이 되고 말았지만, 서양을 본뜨고 배우려는 자각적 의식을 보여주어, 외국에 친숙함을 느끼고 서구사상에 쉽게 영향을 받는 광저우인의 특징을 보여준다.

용굉容閎[41]의 「서학동점기西學東漸記」는 계몽사상의 서막을 열었다. 용굉은 1872년에 근대 중국의 첫 해외유학생을 선발하여 미국으로 보냈는데, 이는 중국에서 전례가 없던 일이었다. 용굉이 서학동점에 힘쓴 안목과 노력을 돌아보면, 지금도

---

38) 1814~1864. 청나라 말기 태평천국(太平天國)의 창시자. 1850년에 광시(廣西)에서 군사를 일으켜 난징(南京)을 점령하고 태평천국을 세워 스스로 천왕이라 일컬었다.
39) 1822~1864. 중국 근대의 사상가. 태평천국의 후기 지도자. 기독교 신앙에 입각한 변증법적 유물론자로, 서양의 철학에 근거한 새로운 정치를 시도했다.
40) 중앙집권의 강화, 서구의 기술과 문물 도입, 서구열강과의 선린 외교, 교역의 증진을 통해 중국의 부강을 이룩하자는 점진적 근대화 정책을 담고 있다.
41) 1828~1912. 청나라 후기의 개량주의자. 중국인 최초의 미국 유학생. 증국번(曾國藩)의 양무운동(洋務運動)과 강유위(康有爲)의 무술변법(戊戌變法)에 동참했다.

각별한 존경심을 갖게 된다.

남해南海 출신의 강유위康有爲[42])와 신회新會 출신의 양계초梁啓超[43])가 등장하면서 사상적 격랑과 정치적 폭풍이 온 나라를 휩쓸었다. 사제지간이던 강유위와 양계초가 함께 지내던 광저우의 만목초당萬木草堂은 사상의 발원지이자 인재의 요람이었다. 1891년에 강유위는 사당을 개조하여 만목초당을 세우고, 그곳에서 유신維新의 인재를 길러냈다. 하지만 지금은 공장과 주택이 어수선하게 들어서 있다.

손문孫文[44])의 비밀스러운 모의와 거사도 대부분 광저우와 관계가 있다. 반청反淸 혁명단체의 광저우 봉기에서 황화강黃花崗 봉기까지, 호법護法 운동에서 북벌北伐과 동정東征에 이르기까지, 광저우는 내내 혁명의 발원지이자 근거지였다.

그러나 19세기 후반 이후로 상하이가 상업과 문화에 있어서 광저우를 추월하게 되었음은 부인할 수 없는 사실이다. 한 가지 예를 들면, 1895년에 서구 사회를 소개한 500여 종의 번역서 가운데 85%가 상하이에서 출판된 것이었다. 당시부터 지금까지 광저우는 늘 전형적인 상업도시의 지위를 지녔을 뿐, 학술이나 문화의 중심이 된 적은 없는데, 이는 근대사에 있어서 광저우의 가장 아쉬운 점이다. 광저우는 서학동점의 분위기를 앞장서서 붙잡았지만, 한 번도 정신적으로나 기질적으로 학술이나 문화의 중심지가 되지는 못했다.

정치는 왔다가 훌쩍 떠나버렸고, 혁명의 도시만이 이곳에 남았다. 광저우

42) 1858~1927. 중국 근대의 정치사상가, 개혁운동가. 변법자강(變法自彊)을 내세우며 무술변법을 주도했다.
43) 1873~1929. 중국 근대의 계몽사상가, 문학가, 사회운동가. 신사상을 소개하고 애국주의를 고취했으며, 변법자강에 힘썼다.
44) 1866~1925. 중국 신해혁명(辛亥革命)의 중심인물. 삼민주의(三民主義)의 정치이념을 내세웠다.

의 역사를 돌아보면 늘 마음이 무겁다. 광저우는 시대의 풍운 속에서 문화를 바꾸고 축적할 수 있는 기회를 놓쳐버렸고, 폭풍이 지나간 뒤에도 여전히 차를 마시고 장사를 하는 곳으로 남았다. 강유위와 양계초가 떠난 지금은 외지의 수많은 노동자들이 남월을 바라보는 시대가 되었다.

11. 뇌분에 담긴 의미

뇌분瀨粉이 월채(粤菜 : 광둥음식)에 발을 들여놓을 자리는 없다. 세상에 아무리 광둥식 음식점이 많아도 뇌분의 자취는 찾지 못하겠지만, 뇌분은 그 어떤 광둥음식보다 오래된 의미가 있고, 광저우에 대한 유년의 추억을 떠올리게 한다.

아주 오랫동안 뇌분을 보지 못하다, 한 호텔 레스토랑에서 조차(早茶 : 아침에 마시는 차)를 즐기던 중에, 옆 테이블에서 누군가 "뇌분 한 그릇 주세요."라고 하는 소리를 들었다. 돌아보니 뇌분이 보였다. 나도 한 그릇 주문했더니, 동고(冬菇 : 겨울 표고) · 하미蝦米[45] · 분쇄육 등의 부재료가 들어 있었고, 맛도 괜찮았지만 예전에 거리에서 먹던 것과는 너무 달라 몹시 실망했다.

예전에 뇌분은 광저우인에게 단연 인기 있는 아침 메뉴였다. 어린 시절에는 등콧길에 후이푸로 난하오가 어귀에 있는 작은 노점에서 뇌분을 자주 사먹었는데, 싸고 맛있었다. 분쇄육과 돼지비계를 소로 넣고, 다진 고추와 무는 마음껏 먹을 수 있어서 다진 고추와 무를 듬뿍 넣던 기억이 난다. 먹다 보면 금세 이마에 땀방울이 맺히고 입안이 얼얼했지만 마음만은 상쾌했다. 지금 생각해도 입안에 침이 고인다. 하지만 그런 뇌분은 영영 다시 보지 못할 것이다.

뇌분은 쌀국수를 넣고 끓인 쌀죽의 일종이다. 그렇다고 너무 간단하게 여기지는 말라. 제대로 만들기는 결코 쉽지 않다. 쌀국수는 면발이 너무 가늘거나 굵어서는 아니 되고, 너무 길거나 짧아서도 아니 된다. 쌀국수와

---

45) 쪄서 말린 다음에 머리, 꼬리, 껍질을 제거한 작은 새우.

쌀죽은 농도가 적당해야 하고, 다진 고기와 새우가 '낚여' 올라와야 한다. 거기에 다진 고추와 무를 넣으면 그 맛은 말로 표현할 수 없을 지경이었다.

지금 노점에서는 뇌분을 팔려고 하지 않는다. 어쩌다 눈에 띄더라도 예전과는 판이하다. 이것저것 많이 넣지만 값을 비싸게 받으려는 것일 뿐, 맛은 예전만 못하다. 게다가 분위기도 크게 다르다. 예전에는 대로변에 낡은 나무 탁자와 걸상을 펼친 노점에서 고달픈 서민이나 서민의 자식들이 출근길이나 등굣길에 주로 사 먹었는데, 그것이 전형적인 환경이었다. 하지만 지금은 고급 호텔에서나 뇌분을 맛볼 수 있게 되었고, 지난날의 뇌분은 흘러간 꿈처럼 되었다.

수년 전에 내가 근무하는 대학교 인근 한 도로변에 뇌분 노점이 등장했다. 자못 예전 분위기가 풍겼기에 나는 무척 반가웠다. 매일 아침 수영이나 헬스를 마치고 돌아오는 길에 두 그릇씩 사먹었다. 노점주인은 빠릿빠릿하고 친절했으며, 뇌분을 끓여 내는 솜씨도 훌륭했다. 특히 다진 고추와 무가 예전과 같았다는 점은 정말 중요했다. 나는 예전처럼 이마에 땀방울이 맺히며 맛있게 먹었고, 마음은 상쾌하다 못해 감동스럽기까지 했다. 그러나 아쉽게도 아름다운 풍경은 오래가지 않는 법이어서 얼마 후 뇌분 노점은 자취를 감추고 말았다. 무허가 노점 단속에 걸려 철거되었을 것이리라.

뇌분이 갖는 의미는 하나의 축소판이다. 지난날 거리에서 팔던 주전부리나 주머니가 가볍던 아침식사는 모두 뇌분처럼 일찌감치 내게서 떠나갔다.

광저우인치고 예전에 명화백죽明化白粥을 먹어 보지 않은 사람이 있을까? 하지만 은행과 부죽(腐竹 : 길게 말아 압착한 두부)을 넣고 푹 삶은 백죽을 지금 노점에서는 찾아볼 수 없다. 이문이 너무 박해서 팔지 않기 때문이다. 호텔 등지에서 팔기는 하지만 입이 벌어질 정도로 비싸다. 하루는 저녁에 친구들과 어울려 야차夜茶를 즐기면서 백죽 한 그릇을 주문했더니, 은행과 부죽은 보이지 않고, 값은 터무니없이 비쌌다. 지금 노점에서 파는 죽은 대부분 고기나 생선을 넣은 것인데, 푹 끓이지도 않은 멀건 죽에 고기 몇 조각과 생강채를 한줌 적당히 뿌려서 내놓는다. 아! 예전의 명화백죽이 몹시도 그리울 따름이다.

또 예전에는 거리마다 저홍탕猪紅湯을 파는 노점이 있었다. 큰 뚝배기에 담긴 김이 무럭무럭 나는 저홍탕에는 돼지껍질이 둥둥 뜨고 파가 이리저리 떠다녔다. 기름기가 뜨는 선지 국물에 후추를 뿌리고 식초에 절인 다진 무를 곁들여 먹었다. 거리의 저홍탕 노점에는 출근길 사람들이 자전거를 세워놓고 선 채로 먹었는데, 그 광경은 생각만 해도 정겹다.

저홍탕보다 약간 고급스러운 것으로 양십탕羊什湯이 있었다. 시먼西門 어귀에 있던 양십탕 노점을 기억하는 광저우인은 적지 않을 것이다. 하지만 나의 졸필로는 그 유쾌한 기억을 그려낼 재간이 없다. 지금 그곳은 평지로 바뀌어 옛 모습은 상상하기 어렵다.

지금 북방사람은 싱싱한 해물 요리를 광둥음식의 정통이라고 생각하지만, 광저우의 음식문화를 실감나게 느끼려면 뇌분·백죽·저홍탕을 빼놓을 수 없다. 하지만 찾아보기 어렵다는 것이 문제다.

12 껍질을 즐겨 먹다

사람들은 대개 껍질은 좋아하지 않기 때문에 돼지·닭·개구리 따위는 껍질을 벗겨내고 먹는다. 하지만, 광저우인은 껍질의 참맛을 알고 있다. 그들은 거위구이를 먹을 적에는 껍질이 바삭하게 잘 구워졌는가를 중요하게 여긴다. 또 새끼통돼지구이는 아예 바삭한 껍질을 먹기 위한 것이다. 생선껍질의 경우는 기름에 튀겨 탕분湯粉에 담아 먹으면, 그 맛이 일품이고, 개구리껍질은 야채와 함께 볶아내면 상큼하고 매끈한 맛이 산해진미에 못지않다. 하지만 논밭에서 농약을 과다하게 사용하면서 개구리도 오염되었을까 염려하여 개구리껍질은 함부로 먹지 않게 되었다. 돼지껍질은 탕을 끓이는 좋은 재료가 되고, 그 자체도 기름지면서도 느끼하지 않기 때문에 예전에 광저우인이 즐겨 먹던 음식재료의 하나였다. 닭고기의 경우, 지금은 껍질만 따로 먹는 경우가 드물지만, 예전에는 껍질만으로 요리를 만들어 먹었다. 닭의 껍질에 얽힌 이런저런 이야기는 음식에 대한 광저우인의 추억에 있어서 일종의 삽입곡이다. 지금은 축산물 시장에서 닭을 다리·날개·내장·대가리 등 부위별로 구입할 수 있지만, 껍질만을 따로 팔지는 않는다. 그 이유는 명백하다. 껍질을 벗긴 닭고기를 사람들이 좋아할 리 만무하기 때문이다. 그러니 껍질을 먹고 싶으면 닭을 통째로 사는 수밖에 없다.

믿기지 않겠지만 물질적으로 많이 부족하던 1970년대에는 닭의 껍질만 마음껏 먹을 수 있었다. 다더로大德路에 있던 작은 구식 차루茶樓에—예전에 광저우인은 식당을 차루로도 불렀다.— 가면, 닭의 껍질로 만든 음식을 먹을 수 있었다. 한 접시에 3각角이면 닭껍질볶음은 술안주로 제격이었고, 한 그릇에 1각 9분인 닭껍질밥도 맛있었다. 그런데 당시에 닭의 껍질을 어디서 구해 오는지는 의문이었다.

어머니의 설명으로는—어릴 적에 어머니와 함께 그 식당에서 닭껍질밥을 먹은 적이 있다.— 닭고기로 계정(鷄精:닭고기 다시다)을 만드는데, 껍질은 필요가 없기 때문에 따로 벗겨서 식당에 판다는 것이었다. 또 당시에 계정은 전량 외국으로 수출된다고 하여, 나는 우리 국민은 계정을 먹을 능력이 되지 않는다고 생각했다. 그 무렵 광저우에서는 설날이 되면 가구당 닭 한 마리씩을 살 수 있는 배급표를 지급받았고, 닭을 구입할 때는 호구기록부에 '닭을 구입하였다'는 사인을 했던 기억이 떠오른다. 그것은 계정을 수출하던 일과 무관하지 않았을 것이다.—당시 닭은 사육수가 많지 않았지만, 수출로 외화를 벌어야 했기에, 중국인은 1년에 1인당 닭 한 마리를 배급받을 수 있었다.—

닭껍질은 흔치 않았지만 값은 무척 저렴했다. 내가 기억하기로 당시 차루에는 삼륜차의 일꾼, 대형 트럭의 기사, 거리와 골목을 누비는 독립수공업자—칼 가는 사람, 냄비 때우는 사람, 하수도 뚫는 사람, 수탉을 거세하는 사람, 신기료장수 등— 같은 사람들이 드나들었다.

갈수록 까다로워지는 광저우인의 입맛에 맞추어 온갖 산해진미가 등장하는데, 비록 값은 비싸지만 종류가 다양하고 맛도 훌륭하다. 닭의 껍질로 만든 음식을 먹던, 그 저렴하면서도 만족스럽던 기억은 이제 아득한 옛일이 되어버렸다.

13 면시저육

어떤 음식은 조리법과 먹는 법을 포함하여, 특정한 시대와 긴밀하게 연관되며, 세월이 흐르면서 사라지기도 한다. 그런 특정한 시대를 돌아보면, 당시 음식이 가진 색깔·향기·맛이 먼저 감성적 기억을 불러일으킨다. 면시저육面豉猪肉은 바로 그런 음식이다.

지금도 노년층과 장년층 가운데는 면시저육을 기억하는 사람이 적지 않을 것이다. 1970년대에 광저우에 있는 중등학교는 예외 없이 충화현從化縣이나 화현花縣 등 교외지역에 농촌분교를 세웠는데, 학생들은 1년 중에 3개월 정도는 분교에서 농사일을 배웠다. 분교에서 제공하는 음식은 물론 집에서 먹는 것만 못했다. 당시 분교에는 다달이 급식비를 10원씩 냈는데, 하루 세끼가 모두 포함되었던 것으로 기억된다. 아침식사는 소금을 넣은 볶은 밥이었고, 점심과 저녁 식사는 백반에 청경채가 조금 얹혀서 나왔으며, 이틀에 한번 꼴로 돼지고기 한두 조각이 나왔다. 그래서 학부모들은 면시저육장面豉猪肉醬을 발명하여 자녀에게 밑반찬으로 보냈다.

면시저육장은 가장 이상적인 음식이었다. 만들기 간편하고 오래 보존할 수 있고 반찬이 되고 영양이 풍부하고 또 오래 먹어도 물리지 않는 장점이 있었다. 물론 같은 면시저육장이라도 집집마다 조금씩 달랐다. 어떤 것은 고기와 기름이 많았고, 어떤 것은 기름에 살짝 튀긴 마늘 몇 개를 넣어서 색깔·향기·맛이 제법 그럴듯하게 갖추어지기도 했다. 가난한 집에서 만든 것은 돼지고기가 적었고, 더러는 돼지기름으로 대신한 경우도 있었다. 이 모두는 자연스러운 것이었다. 최초의 '음식 경연'이 그 무렵에 생겨난 셈이었는데, 가까운 학우끼리는 누구집 면시저육장이 고기가 많고 맛이 좋은지 알 수 있었다. 성격이 시원시원한 친구는 면시저육장을 며칠 만에 깡그리 먹어치웠고, 소심하고 가난한 친구는 열흘이나 보름 동안 두고두고 아껴 먹었다. 어떤 친구는 남의 면시저육장을 훔쳐 먹다 선생님께 발각되어 전교생 앞에서 면시저육장 통을 들고 자기비판을 하기도 했다. 그럴 적이면 면시저육장 때문에 '미국 제국주의'가 어떻고 '소련 수정주의'가 어떻고 하는 데까지 확대되기도 했다.

면시저육장 이외에도 학생들의 가방에 똑같이 들어 있던 또 한 가지 음식이 있었는데, 바로 미숫가루였다. 설탕을 넣고 물을 부어 저으면 걸쭉한 죽이 되었는데, 밤중에 허기를 달래기에는 그만이었다. 면시저육장과 미숫가루 덕분에 학생들은 가족과 떨어져 지내면서도 가족의 따스함을 느낄 수 있었다. 완성한 면시저육장을 아가리 넓은 병에 한 수저씩 떠 넣으며 흐뭇한 표정을 지으시던 아버지의 모습이 지금도 눈앞에 선하다.

14 광저우인은 무엇을 햇볕에 널어 말렸나

날마다 일상에서 사용하는 소소한 물건은 대단히 많지만, 그것의 변화에 대해서는 별반 신경을 쓰지 않는다. 어느 날, 나는 한 친구에게 이런 질문을 던졌다.

"20년 전에는 빨래를 어떻게 말렸지?"

친구는 한참을 생각하더니 겨우 말문을 열었다.

"지금하고 뭐가 달랐을까?"

그렇다. 사람들은 냉장고, 에어컨, TV, 오디오 등의 변화에는 관심을 두지만 사소한 것에 대해서는, 설령 그것이 아침저녁으로 마주하던 것이라도, 그저 스쳐 지나간 바람처럼 여길 뿐이다. 예를 들어, 옷을 말리는 것만 하더라도 미미하기는 하지만, 의미 있는 변화가 없지 않았다. 예전에는 철사나 플라스틱으로 만든 옷걸이가 매우 드물어 바지통이나 옷소매를 대나무 장대에 끼워서 말리던 일을 기억하는가? 지금 광저우에서 이런 식으로 옷을 말리는 사람은 얼마나 있을까? 이런 변화가 생긴 이유를 알려면, 중국경제를 연구하는 학자가 나서야 할지도 모른다. 문화대혁명 시기에 중국은 경제 상황이 형편없이 악화되었다. 한쪽에서는 인공위성이 우주공간을 유람했지만, 다른 한쪽에서는 궁핍한 국민들이 철사 하나를 사는 데도 증명서가 필요하였고, 또 구입할 수 있는 물량도 제한되어 있었다. 그러니 '옷걸이' 같은 것은 말할 것도 없었다. 그 당시에 '5·7 간부학교'[46)]에 들어간 아버지가 휴가차 돌아오는

---

46) 문화대혁명 당시에 마오쩌둥의 '5·7 지시'에 따라 당정기관의 간부, 과학기술 인력, 대학 교원 등을 농촌에 보내 육체노동을 통해 정신재무장을 시키던 장소.

길에, 가운데는 갈고리 모양이고 양끝에는 대나무를 대서 만든 옷걸이 몇 개를 가지고 왔던 일이 떠오른다. 아마 미래에는 그런 '골동품'이 소장가치가 전혀 없지는 않을 것이다.

빨래를 말리는 것과 방법은 다르지만 같은 효과를 지닌 것이 적지 않았다. 배추를 말리던 일을 돌이켜보자. 예전에는 배추가 시장에 대량으로 쏟아져 나오는 철이 되면, 근당 2분 심지어 한 더미에 5분에 불과했다. 그래서 사람들은 더미채로 사다가 시래기를 만들었는데, 거리와 골목 곳곳에서 배추를 햇볕에 말리는 모습을 볼 수 있었다. 그것은 마치 거리에서 햇볕을 쬐고 있는 만국기와 동무라도 된 것처럼 보였다. 배추는 먼저 흐르는 물에 배추를 깨끗이 씻은 다음 한 포기씩 차곡차곡 대나무 장대에 내걸었다. 갑자기 소나기가 쏟아지면 거리 여기저기에서 "비가 온다. 배추 걷어라!" 하는 고함이 들렸고, 한바탕 난리가 벌어졌다. 사람들은 먼저 배추를 걷고 나서 빨래를 걷었다. 그 모습은 지금도 눈에 선하다.

야채 이외에도 납육臘肉[47]이나 생선을 햇볕에 말렸는데,—주로 조기를 말렸다.— 직접 품을 들여 먹을거리를 마련하는 것이었다. 당시에는 육류 공급이 부족했기 때문에 "햇볕에 말려 넣어두고 천천히 먹겠다"는 생각을 가졌던 것이고, 다른 한편으로는 수입은 적고 식구는 많아 한 푼이라도 아껴야 했는데, 귀찮기는 해도 큰 힘이 드는 일은 아니기 때문에 수고를 아끼지 않았던 것이다.

세상은 많이 달라졌다. 몇 푼만 들이면 1년 동안 두고두고 먹을 수 있었다고 말한다면, 지금은 아무도 믿지 않을 것이다. 예전에 광저우시 둥

---

47) 겨울철(음력 섣달)에 소금에 절여 햇볕이나 바람에 말리거나 훈제한 돼지고기.

산구東山區 철도국 일대에 살던 철도가족들은 둥촨로東川路의 야채시장에 가면 고추를 헐값에 자루째로 살 수 있다는 것을 알고 있었다. 자루에 담긴 고추는 썩은 것도 있었는데, 칼로 잘라낸 다음에 항아리에 담고 소금에 절였다. 이것을 '타랄초剁辣椒'라고 하는데, 온가족이 몇 달 동안 두고두고 먹을 수 있었다.

세상 모습이 많이 달라졌기에 대략을 소개한 것이다. 얼마 전에 나는 무심코 창문 너머 맞은편 담장 안에 있는 노동자 숙소를 바라보다가 누군가 작은 조기 몇 마리를 말리는 모습을 보았다. 그것은 추억을 불러일으켰다. 문득 이런 생각이 들었다.

'황어를 말린다는 것은 광저우에는 아직도 가난한 사람이 있다는 의미인가? 지금도 누군가는 익숙한 과거를 잊지 못하고 있다는 의미인가?

후자의 경우가 맞기를 기대한다.

15 나막신 소리

옛날 월인粤人은 나막신을 즐겨 신었다. 나도 어린 시절에 나막신을 신은 적이 있다. 하지만 나막신은 본래 월 땅에서 유래한 것은 아니다. 나막신의 역사에는 차마 떠나가지 못한 수많은 문인들의 자취가 남아있다.

「한서漢書」·「진서晉書」·「일체경음의一切經音義」·「돈황곡자사敦煌曲子詞」 등 한漢나라와 진晉나라 당시 문헌에는 나막신에 관한 이런저런 기록이 있고, 이백李白·육유陸游·장효상張孝祥·왕세정王世貞 등 문인의 시사詩詞에는 나막신의 발자국 소리가 들린다.

나막신이 언제 어디서 유래했는지는 알 수 없다. 월인이 나막신을 즐겨 신은 것은 기후와 환경의 영향과 무관하지 않을 것이다. 남방은 날씨가 덥고 습도가 높으며 특히 물과 가까운 곳이 아주 많아서 마麻·풀[草]·포布·가죽 따위로 만든 신발은 젖은 땅을 밟고 다니기에 적합하지 않다. 때문에 비닐 신발이나 장화가 나오기 이전에는 나막신이 가장 편리했을 것이다. 나막신의 역사에 관한 문제는 일단 전문가에게 맡겨두자.

지금은 들을 수 없는 청아한 소리와 나막신을 신은 월인의 모습은 나막신에 대한 잊을 수 없는 기억으로 남아 있다. 나막신을 신으려면 양말을 신지 못한다. 그래서 월녀粤女의 불그레한 빛이 살짝 감도는 뽀얀 발꿈치가 훤히 드러난다. 이백은 「월녀사越女詞」에서 "나막신을 신은 서리처럼 뽀얀 발은, 까마귀 머리 같은 버선도 신지 않았구나."(屐上足如霜, 不着鴉頭襪.)라고 노래하였고, 「완사석상녀浣紗石上女」에서는 "금빛 굽 달린 나막신에, 두 발은 눈처럼 뽀얗구나."(一雙金齒屐, 兩足白如雪.)라고 노래했다. 나막신은 중국의 '연각戀脚 문화'와도 상당한 관계가 있어 보인다. 영남 지방의 여항에서 신던 나막신의 시각적 아름다움은 문인들의 작품 소재가 되었던 것이다.

나막신이 지닌 진정한 영성靈性은 청아한 소리에 있다. 나막신은 다른 몇 가지와 어우러져야 비로소 최상의 운치를 갖는다. 첫째, 반드시 석판을 깔아 놓은 길을 걸어야 한다. 그 낭랑한 발자국 소리는 나막신의 자연스러운 선언과도 같다. 둘째, 여름과 가을에 가장 어울린다. 또 저녁 식사 무렵에 가장 어울리는데, 좁은 골목길을 분주히 오가는 나막신 소리는 하루 중에서 가장 즐거운 시간이 다가온다는 것을 알려준다. 셋째, 나막신을 신은 사람은 아무 근심이나 걱정이 없어야 한다. 그래야만 비로소 경쾌한 리듬을 들려줄 수 있다. 나막신 소리는 마음의 소리를 자연스럽게 들려준다.

당나라 시인 이상은李商隱은 나막신 소리를 몹시 좋아한 것 같다. 그는 「음석희증동사飮席戲贈同舍」라는 작품에서 "골짜기에선 나막신 소리가 인도하니, 꽃이 꾀어서가 아니라 나그네가 스스로 미혹됨이지."(洞中屐響省分攜, 不是花迷客自迷.)라고 노래했다. 또 명나라 왕세정은 「증태학휴주견방작贈太學携酒見訪作」에서 "꽃 핀 궁궐은 적막하기만 한데, 나막신 소리가 잠을 깨운다."(花宮寂無事, 屐齒破高眠.)고 했다. 그야말로 "새소리에 산은 더욱 고즈넉해진다"(鳥鳴山更幽)는 경지다.

광저우 구시가지의 좁은 화강석 길을 걷기에 나막신보다 더 서정적인 신발은 없었다. '따각따각' 발자국 소리가 골목 어귀에서 골목 끝으로 전해지고, 서리처럼 뽀얀 두 발이 푸른 돌 건반을 두드리는 낭랑한 음악 소리는 남국의 낭랑함·산뜻함·청순함을 층층이 담고 있었다. 옛사람들은 현대인처럼 귀가 연약하지 않아서 아무도 나막신 소리에 불만을 품지 않았던 것 같다. 나막신을 신은 아이들이 쫓고 쫓기며 내달리는, 말이 내달리고 폭풍우가 몰아치는 것 같은 소리는 머리카락을 곤두서게 만들었지만, 익숙해지면 그 소리는 어른들의 닫힌 마음을 열어주었고, 나막신 소리는 마음 깊은 곳의 반딧불과도 같다는 사실을 깨닫게 만들었다.

나막신을 만드는 방법은 무척 간단하다. 두꺼운 나무토막에 검은 고무 조각을 못으로 박아 붙이면 된다. 그렇지만 그래도 손수 만드는 사람은 그리 많지 않았다. 예전에는 잡화점에서 몇 푼이면 살 수 있었기 때문이다. 오래 신을 수 있음은 물론이고, 고무가 끊어지더라도 다른 것으로 사서 바꿔 붙이면 그만이었다.

언제부터인가 광저우인의 발에서 나막신은 사라졌고, 나막신을 신던 시대도 떠나버렸다. 마치 약속이라도 한 것처럼 단숨에 사라져버렸고, 구시가지의 대리석을 깔아놓은 거리도 따라서 사라져 간다. 참으로 희한한 일이 아닐 수 없다.

나막신의 낭랑한 발자국 소리는 이제 좀체 듣기 어려워졌지만, 아이러니컬하게도 고급 호텔의 매점에서 나막신을 구입할 수 있게 되었다. 그런데 그것이 일본식 '게다木の屐'라는 사실은 사람을 혼란스럽게 한다.―짝퉁 일본제품이면서, 가격은 엄청나게 비싸다.―

어린 시절, 몰아치는 폭풍우처럼 귓전을 두드리던 소리가 문득 떠오른다.

"침략자의 머리통을 칼로 내리쳐라!"

16 거리의 노래

생기 있고 정감 있는 민요는 우리를 낳고 길러낸 정신적 요람이다. 예전에 광저우 거리에서는 많은 전래 동요를 들을 수 있었다.

> 휘영청 달빛은 대지와 집을 비추고
> 서른이 넘어서 빈랑을 딴다네.
>
> 月光光, 照地堂, 年卅晚, 摘檳榔.

이처럼 판에 박힌 노래는 이미 민속학자의 연구대상이 되었지만, 아주 많은 노래들은 바람을 따라 어디론가 사라져버렸다.

거리에서 우연히 듣게 되는, 예전에 우리가 부르던 아이들의 노래는 나의 마음을 따뜻하게 만든다.

> 월수산 옆에는 학교가 있지요
> 홀로 계신 선생님은
> 장작처럼 깡말라서
> 죽 끓이는 불쏘시개랍니다.
>
> 越秀山邊, 有間學校. 有個老師, 瘦骨如柴, 煲窿粥.

선생님을 묘사한 이 노래는 내가 어릴 적에 유행하던 노래 가운데 하나였다. 당시에는 노랫말에 담긴 의미에는 그다지 신경을 쓰지 않았기에,

나는 어려서부터 선생님들은 정말로 모두가 장작개비처럼 깡말랐다고 생각했다. 지금은 내가 선생노릇을 하고 있어서인지, 가끔씩 이 노래가 떠오를 적이면, 나도 모르게 미소를 짓는다.

거리에서 부르던 노래 가운데는 농촌에서 도시로 흘러들었음에 틀림없는 것도 있었다.

부슬부슬 내리는 비에
밭은 물에 잠겼는데
밭에는 뱀이 있어
주인나리 놀라게 하니
주인나리 창을 들고
뱀을 찔러 죽였다네.

落雨咪咪, 水浸田基. 田基有條蛇, 吓親大老爺. 大老爺有枝槍, 一槍打死佢.

이 노래는 감정과 풍경이 잘 어우러진 작품인데, 주인나리의 모습은 생동감이 넘치고, 결말은 시원하면서도 유머러스하다. 언젠가 나는 자전거 뒷자리에 탄 아이가 이 노래를 부르는 것을 듣고 말할 수 없는 친근감을 느꼈다.

어떤 노래는 풍자의 맛은 있지만, 교육적 의미나 도덕적 의미는 없이, 짓궂은 유쾌함만 가득한 경우도 있었다.

교태부리는 둘째 아씨
금비녀를 꽂았는데
금비녀가 밉다 하며
거울을 깨버리네요.

效婆二少奶, 戴金釵. 金釵唔夠靚, 打爛鏡.

    이 노래는 '자신을 꾸미기 좋아하고 교태를 부리는 여자를 비꼰 노래다. 사내들이 거리와 골목을 누비면서 이 노래를 불러서 외모를 꾸미기 좋아하던 계집아이들을 희롱하던 일이 떠오른다. 또 "당당한 풍채가 구덩이에 빠졌구나."(大隻雷雷, 跌落坑渠)라는 짤막한 노래가 있었는데, 체구는 우람하지만 기민함이 모자라서 멍청해 보이는 아이를 비아냥거리는 노래였다. 어떤 노래는 일상에서 중재 역할을 하기도 했는데, 이는 아주 특이한 경우였다. 예를 들어 덩치가 큰 놈이 작은 놈을 괴롭히거나 반대로 덩치가 큰 놈이 작은 놈에게 놀림을 당하면, 구경하던 아이들은 일제히 이렇게 노래했다.

큰 놈이 작은 놈을 괴롭히기는
똥 싸는 것처럼 손쉽고
작은 놈이 큰 놈을 괴롭히는 건
아무런 문제도 없다네.

大蝦細世, 比屎外; 細蝦大, 冇問題

이는 서로의 갈등을 풀어주는 판단 기준이 되었다.

이런 노래들은 모두 특별한 시간적·공간적 배경이 없었고, 특별히 언급할 만한 문화적 의미도 없지만, 예전에는 널리 유행하였고, 일부는 지금까지도 전한다. 통속문화의 한 단면을 여실히 보여주는 이런 노래들은 비록 우아하지는 않지만, 그렇다고 무슨 큰 결점이 있는 것도 아니다. 우스갯소리를 쏟아내는 가운데 유쾌함을 주는 정신적 기능을 한다는 점에서 그 가치를 찾을 수 있을 것이다.

17 유행어

언어의 변화는 놀랍지만, 변화에는 아무런 소리가 없다. 마치 우리가 보지 못하는 사이에 풀이 자라서 멀리 하늘가에 닿아 있는 것과도 같다.

광저우에서 태어나고 자란 중고등학생들에게 '호이핀開片'이 무엇인 줄 아느냐고 물으면, 틀림없이 어리둥절한 표정을 지을 것이다. 또 '핀침네이片沉你'가 무엇인 줄 아느냐고 물어도 역시 머리를 긁적일 것이다.

'호이핀'을 모른다는 것은 사실 다행스러운 일이다. 문화대혁명이 후반기로 접어들면서 학생들은 다시 공부를 하게 되었지만, 대부분 공부에는 관심이 없었고, 서로 패싸움을 벌이는 일이 다반사였다. '호이핀'은 '다툰다'는 뜻이고, '핀침네이'는 '너를 거꾸러뜨린다'는 말이다. 당시에는 "한 판 붙을까?"라는 말을 입에 달고 살았다. '호이핀'의 유래에 대하여 깊이 살핀 적은 없지만, 이런 상상을 해본 적은 있다. '호이핀'의 '핀片'은 '전쟁영화'(戰鬪故事片)에서 나온 것이고, '호이開'는 '싸움이나 다툼을 하다'(開始打枚)라는 말에서 나왔으리라는 것이다. '핀'은 동사로도 사용되었다. 지금은 학생들이 대중스타를 추종하고, 소비에 익숙하고, 친구와 어울리기에 바빠서, '호이핀'에 관심을 갖거나 용기를 내기는 어렵기 때문에, '호이핀'이라는 말도 자연스럽게 사라졌을 것이다.

이와 유사한 어휘는 많은데, 몇 가지 예를 들면 다음과 같다.

'가오걱較脚' : '떠나다'와 '달아나다'의 의미를 겸한다.
'빙兵' : 돈. 금전.

'공鋼': 양표(糧票:식량 배급표).
'바이청擺場': 패싸움하다.
'딤푸이點灰': 고자질하다.
'사이밍晒命': 외박하다. 하룻밤을 지내다.
'세포卸貨': 대소변.
'딩얀釘人': 사람을 붙들다.
'춘지串仔': 사내 건달. 불량소년.
'춘네우串女': 계집 건달. 불량소녀.
……

월 방언에서 사용한 이런 말은 문화대혁명 후반기 청소년들의 정신적 황폐함을 보여준다. 사회언어학적 관점에서 보면, 이런 유행어는 은어와는 다르다. 이런 말은 전파범위가 비교적 넓기 때문에, 이런 말을 사용한다고 해서 특정한 패거리로 간주되지는 않았다. 언어의 하위문화에 속하고, 일상에서는 임의적으로 사용될 뿐이었기에, '유행 비속어'의 부류로 귀납할 수 있다.

지금은 이런 유행어가 사용되지 않기 때문에 이런 말을 규제할 필요는 없다. 당시의 '불량소년'串仔과 '불량소녀'串女는 지금은 아마도 어엿한 중년남녀가 되었을 것이다. 당시에 '도망자'較脚는 홍콩으로 떠났고, 그들 가운데는 본토에 돌아와 투자한 '사장'이 되었거나 나아가 '명예시민'이 된 사람도 있을 것이다. 이제 그들과 옛 이야기를 나누자니 실로 격세지감을 느낀다.

이런 부정적 의미를 지닌 말과 함께 사라진 또 다른 부류로 정치적 성격을 지닌 유행어가 있었다. 그런데 정치적 성격을 지닌 유행어는 광둥방언의 특징을 지닌 것이 아니라 북방의 언어가 그대로 이식된 것이다. 그것들은 이식성이 매우 강하여 결코 다른 방언으로 개조되지 않았다. 예를 들어 광둥방언에서는 '자녀子女'를 '지네우仔女'라고 하는데, '교육이 잘 된 자녀'를 '지네우'라고 말하는 경우는 없었다.

긍정적인 언어든 부정적인 언어든 아주 쉽게 모든 사람에게 사용을 강요한다는 것이 유행어가 갖는 힘이다. 재미있는 한 가지 사례가 있다. 1970년대 초기, 그러니까 내가 중학교에 다닐 적에, 종종 농촌 분교에 갔었다. 한번은 분교에서 집회를 하는데, 한 학우가 대오 속에서 건들대면서 '춘지(串仔 : 형편없는 놈)'가 '사이밍(晒命 : 외박하다)'을 하였다며 큰 소리로 떠들어댔다. 연장連長—학년주임으로, 급조장級組長에 상당했다.—은 그를 불러내 "네가 이러다 나중에 뭐가 되겠냐?"며 호되게 꾸짖자, 그 친구는 "사람 축에도 끼지 못하는 개똥 같은 놈이 되겠지요."라고 대꾸하여 온통 웃음바다가 되었다.

광둥 방언에서 유행어의 부침은 특정한 측면에서 문화의 변화를 반영한다.

18 '본을 찍어낸' 시대

우리가 경험하고 우리가 심혈을 기울였던 많은 것들이 이제는 아무 흔적도 없이 멀리 떠나버린 것 같아서 격세지감을 느낀다. 나 정도의 연배가 이런 말을 하기에는 좀 이르지만, 기억의 깊은 곳에서 특정한 상황이나 사물을 더듬을 적이면, 탄식을 금할 수 없다.

지금 3, 40대들은 증권거래소·나이트클럽·쇼핑센터를 드나들고, 학교·스튜디오·개발지구에서 바쁘게 일하는 우리가 일찍이 '본을 찍어낸 세대'였다는 사실을 알 수 있을까?

광저우인은 '틀을 만들어 본을 찍는 것'을 일러 '도우모우倒模'라고 한다. 우리는 일찍이 숱한 본을 찍었는데, 그것은 문화대혁명의 문화사에 있어서 근사한 부분이었다.

'충자화운동忠字化運動'[48]이 한창이던 무렵에 마오쩌둥 주석의 석고상을 만드는 열기가 고조되면서 금속 배지가 널리 유행했다. 배지는 직접 만들었는데, 의복에 패용은 할 수 있지만 홀에 걸어놓을 수는 없었다. 그러나 원반 모양의 부조 석고상은 두 가지 요구를 모두 충족시킬 수 있었다. 당시에는 집 앞에 틀을 벌려놓고 석고상을 직접 만드는 일이 흔히 있었는데, 지나가던 사람들은 이를 에워싸고 구경했다.

만드는 방법은 간단했다. 먼저 오목하게 만든 틀에 젖은 종이로 가장자리를 단단히 감싼 다음, 틀에 비눗물을 바르고, 잘 섞은 석고를 적당한 두께로 붓는다. 석고가 굳기 전에 원

---

[48] 1968년 7월 전국적으로 전개된 마오쩌둥에 대한 개인숭배운동으로, 충자화(忠字畵)를 그리고 충자무(忠字舞)를 추어 마오쩌둥에 대한 충성심을 내보였다.

반의 한 가운데에서 약간 위쪽에 철사로 만든 갈고리를 끼워서, 나중에 패용할 수 있게 한다. 석고가 굳으면 종이의 가장자리를 들어 올려 틀과 석고상을 분리하면 되었다. 주의할 점은 틀이 깨끗해야 하고, 비눗물이 적당해야 하고, 석고반죽은 농도가 알맞아야 하고, 석고를 부은 뒤에는 손으로 살살 흔들어 주어야 한다는 점이었다. 솜씨가 좋은 사람이 만든 석고상은 하얗고 흠이 없어서 패용을 하면 아주 보기에 좋았다. 하얀 석고상에 도료를 바르는 사람도 적지 않았는데, 바탕색은 붉게 칠하고 테두리는 금색으로 에둘러 금상金像으로 만들었다. 또 석고상을 만드는 '틀'을 아예 완성품처럼 달고 다니는 사람도 있었다.

그 뒤에는 군용품을 '찍어서' 만드는 것이 유행했다. 이유는 간단했다. 당시에는 홍위병부터 홍소병紅小兵까지 군복을 착용하는 것이 널리 유행했기 때문이다. 옷을 직접 만들어 입던 시절에 일반인이 '정식 군장'을 구하기란 결코 쉬운 일이 아니었다. 그래서 군용 혁대에 필요한 버클이나 군복에 필요한 단추는 모두 직접 '찍어서' 만들었다.

군용 혁대의 버클을 만들 때는 녹인 모래로 틀을 만들었는데, 복잡한 가공과정은 여기서 일일이 언급하지 않겠다. 뚝배기의 손잡이로 용기熔器를 만든 것은 아주 영리한 선택이었다. 뚝배기의 손잡이를 송곳모양으로 만들고 끝머리의 평면을 두드려서 떨쳐내면, 석탄 난로에 끼워 넣을 수 있는 용기가 되었다. 당시 우리는 길을 가다가 쓰레기더미에 버려진 낡은 뚝배기를 발견하면, 마치 보배를 손에 넣기라도 한 것처럼 기뻐했다. 뚝배기 손잡이는 대부분 아무런 흠이 없었기 때문이다. 금속원료로는 주로 양은을 사용했기 때문에 양은 국자, 망가진 양은냄비 따위는 수집대상이었다.

군용 단추를 만드는 일은 또 다른 맛이 있었다. 틀은 석고로 만들고, 투명 비닐을 원료로 삼았는데, 별도의 용기는 필요하지 않았다. 불이 붙은 장작으로 녹인 비닐의 용액을 한 방울씩 틀에 떨어뜨리면, 진한 붉은 빛을 띠는데, 이것이 굳기 전에 뒤쪽에 가느다란 철사 고리를 끼워서 옷에 부착하게 만들었다.

'충자화' 운동이 쇠퇴하자 '무정부주의'와의 패싸움이 생겨났고, '납 반지'를 만드는 일이 다시 인기를 끌었다. 납 반지는 '마음 심心자' 모양으로 만들어 오른손 가운데 손가락에 끼었는데, '심'자 부분이 위로 튀어나와서, 남을 때리면 작은 흉기가 되었다. 제작 방법은 버클과 대략 비슷하지만, 모양이 간단하여 대개는 붉은 벽돌로 후벼내서 만들었다. 완성한 반지는 소변에 담아두었는데, 그렇게 하면 독성이 생겼다.

'본을 찍어낸' 시대는 지금은 어디로 갔는가?

19 연날리기

지금 광저우에서 연鳶을 날리는 모습은 흔치 않다. 예전에 다시 한 차례 유행하더니만 금세 사라지고 말았다.

광저우의 연은 베이징인이 날리는 연만큼 아름답지 않다. 베이징인의 연은 지네·미인·나비·메기·기러기·등롱燈籠·배추·팔괘八卦·개구리 등 그 모양과 이름이 다양하다. 이름만으로도 기세가 대단한데, 고려지高麗紙나 비단에 화려한 그림까지 그린 것은 말할 필요도 없을 것이다.

광저우의 연—우리는 지금도 '지요紙鷂'라고 부른다— 가운데 마름모꼴 종이에 대오리 두 개를 붙이고 실을 매단 것을 광저우인은 '고압高壓'이라고 부르고, 꼬리에 긴 종이를 덧붙인 것은 '유미자有尾仔'라고 한다. 차이점은 '고압'은 패기있게 종횡으로 빠르게 움직이고, '유미자'는 태세가 안정되고 가볍다는 것이다. '고압'이 보다 높은 기술을 필요로 한다. 또 매우 크고 양쪽 날개가 구부정한 것이 있었는데, '마랍馬拉'이라고 불렀다. 가장 높은 등급으로, 예전에도 실제로 날리는 모습을 보기는 어려웠다. 완성한 연은 장식을 하기도 했다. 대개는 집에서 머큐로크롬으로 'A'자를 쓰거나 아니면 양쪽을 아무렇게나 붉게 칠했다. 연이 완성되면 '납선臘線'을 만들었다. 이것도 베이징의 연과는 크게 다른 점이다. 베이징의 연싸움은 상대의 연을 찢는 것이어서 선이 굵고 손이 빨라야 하지만 광저우의 연싸움은 상대의 실을 잘라서 연을 떨어뜨리는 것이어서 날카로운 '납선'이 필요했다. 납선은 소뼈에서 뽑아낸 아교풀을 유리가루에 섞어 작은 용기에 담고, 용기 아래로 양쪽에 작은 구멍을 뚫은 다음, 실을 구멍으로 통과시켜 얼레에 감고 바람에 말려 만들었다.

베이징에서는 어른이나 아이 할 것 없이 모두 연을 날리는데, 예전에는 귀족적 분위기의 놀이 가운데 하나였다. 하지만 광저우에서 연은 아이들의 놀이일 뿐이다. 광저우의 연은 소박하지만 강건하다. 더욱이 납선을 이으면 호전적 성격이 생생하게 드러난다. 완성한 연을 가볍게 어루만지며, 그것이 하늘로 빠르게 솟구쳐 올라가 힘차게 맞붙어 싸우는 모습을 상상하면, 마치 거사를 앞둔 것 같은 비장감이 들었다.

높은 누각이나 용마루에 올라서면—예전에 광저우의 초등학교나 중등학교는 방학 전에 안전교육을 했는데, 연을 날리다 떨어져 죽은 사례가 항상 소개되었다.— 허공에는 이내 전운이 감돌고, 인접한 거리와 지붕 곳곳에서는 함성이 울려퍼졌다. 허공으로 솟구친 연은 이리저리 탐색하거나 구름을 뚫고 솟구쳐 하늘을 등지고 아래를 굽어본다. 하지만 이런 평화는 잠시 뿐, 이내 상대의 연이 달려든다. 양측이 맞부딪치면 먼저 연줄이 서로 얽혔는지를 판단한 다음에 재빠르게 연줄을 푼다. 천군만마가 내달리기라도 하는 것처럼, 얼레는 연신 빠르게 돌아가고, 마음은 미친 듯 뛴다. 머릿속으로는 연줄은 날카로운지, 길이는 충분하지를 가늠한다. 연줄 공격은 조금도 망설임 없이 진행되고, 또 결판이 날 때까지 멈추지 않는다. 상대의 연이 추락하면 잽싸게 연줄을 감는다. 그러면 연은 이내 공중으로 솟구친다. 그 의기양양한 모습은 마치 허공을 향해 자신의 공을 뽐내는 것만 같다.

거두어들일 수 있는 연은 마치 사지에서 살아 돌아온 검객과도 같았다. 얇디얇은 연에 큰 꿈과 만족을 부쳤고, 푸른 하늘을 나는 그 모습은 마음을 들뜨게 만들었다. 그것은 소년시절 광저우의 용마루에서 솟아오른

자유의 선언이었다.

　언제부터인지는 모르겠지만, 광저우인은 더 이상 연을 날리지 않는다. 1970년대 지청知靑[49] 시절에, 나는 농촌에서 딱 한번 연을 날려본 적이 있었다. 홀로 밭두둑에서 날렸다. 적막하고 썰렁할 뿐 아무런 흥취도 없어서 이내 거두어들이고 말았다. 싸움 상대와 구경꾼이 사라져버리면 검객은 살아있은들 무슨 의미가 있겠는가?

　나중에 광저우에 돌아오니 푸른 하늘은 그대로였지만 허공을 가르는 연은 찾아볼 수 없었다. 훗날 한차례 다시 열기가 불었지만, 자기 집 지붕이 아니라 후이주광장에서 날렸다. 그 자리에는 베이징처럼 어른과 아이가 모두 참가했다. 당시에는 북풍이 불었고, 연은 남쪽으로 솟아올랐다. 연싸움이 계속 되면서 수많은 패배자들이 강가의 수풀에 떨어졌고, 시당국은 골머리를 썩었다.

　광저우의 연은 상징성을 지닌 이미지다. 검객의 영광을 대신할 수 있고, 자유를 추구하는 본성을 지녔다. 심지어 흔들리며 떨어질 때도 산뜻하고 아름답다. 광저우의 연은 티끌 하나 묻히지 않은 검객과도 같다. 나는 그것들을 읽어내 무협소설에 담아두었다.

---

49) 1950년대부터 문화대혁명이 끝날 때까지, 자원에 의해서 또는 강제적으로 도시를 떠나 농촌으로 들어가 생활하던 중국의 지식청년을 이르는 말.

20 탄궁

요즘 청소년들은 지식이나 운동을 비롯하여 여러 방면에서 예전의 우리가 비견될 수 없지만, 지금 그들이 예전의 우리를 능가할 수 없는 것들도 있으니, 바로 사격 솜씨가 그렇다.

옛날에는 활쏘기가 전쟁터에서 유효한 중거리 살상 수단이었지만, 총이 발명되면서 명중률이 높아지고, 유효사거리도 멀어졌으며, 전쟁도 잔혹해졌다. 우리는 사격을 할 기회는 없었고, 가장 낮은 단계에서 발사의 쾌감을 맛보았는데, 바로 탄궁(彈弓:탄알을 쏘는 활)이라는 것이었다.

광저우인은 탄궁을 '탄차彈叉'라고 부른다. 탄궁은 사실 활이 아니라 차(叉:새총)이기 때문에 '탄차'라고 부르는 편이 한결 자연스럽다. 탄차를 만드는 방법은 다음과 같다. 석류나무의 가장귀가 단단하고 질겨서 제격인데, 껍질을 벗겨내면 매끈하고 감촉까지 좋다. 갈퀴의 모양을 선택하는 것도 중요하다. 곧은 'Y'자 모양보다는 발이 높은 술잔과 비슷한 모양에, 세 손가락을 모은 정도가 벌어진 것이 가장 이상적이다. 이른바 '술잔형 탄차'라는 것이다. 탄성이 좋은 고무줄을 가느다란 철사로 양쪽 끝에 단단히 동여매고, 고무줄 한가운데에는 '실탄'을 감쌀 수 있는 작은 가죽을 씌운다. 이 부분은 가장 잘 닳는 부분이어서 쇠가죽으로 만드는 것이 좋다.―이 부분에서 '진피眞皮', 즉 '진짜 가죽'이라는 개념을 처음 배웠다.―

광저우에는 석류나무가 흔치 않아서 철사로―굵은 철사를 구부려서 만들었다.―만드는 수밖에 없었는데, 철사를 구부려 'ㄴ'모양으로 만들었다. 몇몇 친구들은 형이나 오빠가 공장에서 튼튼하고 번듯한 철제 탄차를 만들어다 주었다. 철제 탄차는 석류나무로 만든 것만은 못했다. 재질이 사격 솜씨에 직접 영향을 미쳤고, 게다가 얼음처럼 차갑고, 인정미도 없었다.

굵지 않은 철사로는 작은 탄차를 만들 수 있었다. 작은 탄차는 휴대가 간편하였고, 실탄 공급에도 유리했다. 큰 탄차는 돌을 얹어 쏘는데, 돌은 아무 데서나 쉽게 구할 수 없었다. 특히 교실에서는 말할 필요도 없었다. 하지만 작은 탄차는 가죽으로 '탄알'을 감쌀 필요가 없이, 고무줄에 '종이닭[紙鷄]'을 얹어 쏘면 되었다. '종이닭'은 우표만한 종이를 겹쳐서 접었는데, 평소에는 한 움큼 접어 사용하였고, 전시에는 소모하는 동시에 만들어댔다. 접는 방법은 간단했다. 네모난 작은 종이를 대각선으로 접은 다음에 삼각형의 긴 변을 따라 차례대로 접어서 막대 모양을 만들고—작은 삼각의 끝 하나는 남겨둔다.— 다시 가운데를 마주 대고 접으면, 고무줄에 대고 쏠 수 있었다.

당시 책가방에는 늘 탄차가 몇 개씩 들어 있었다. '무정부주의'를 비판하던 무렵에는 탄차를 모조리 압수당하기도 했고, 정확하게 쏘는 친구를 보면 감탄하고 부러워했다. 그 당시 모습은 옛날 '활쏘기'의 흔적이 조금은 남아 있었다. 석류나무 탄차는 훌륭한 활이었다. 잘 쏘는 친구는 고무줄을 당기는 자세도 진짜 활을 팽팽하게 잡아당기는 것 같은 구석이 있었고, 화살이 유성처럼 날아가는 것 같은 쾌감도 생생하게 느낄 수 있었다.

지금 탄차를 가지고 노는 사람은 없다. 잘된 일이다. 도시 아이들이 탄차를 가지고 노는 것은 몹시 위험하기 때문이다. 당시에는 나도 여러 개의 탄차를 만들었지만 남은 것은 없다.

21 알까기

바둑알은 오랜 세월 동안 바둑판 위를 종횡으로 누볐을 뿐 아니라 크고 작은 거리와 골목길을 여기저기 날아다녔다. 그리고 우리 모두는 한 시대의 기사棋士였다.—바둑판 위에서가 아니라 평범한 거리와 골목에서였다.—

바둑알까기가 언제 처음 생겼는지는 모르겠지만, 그것이 1970년대에 쇠락하였다는 사실만큼은 또렷이 기억한다. 1973년과 1974년, 그러니까 내가 고등학교에 다니던 무렵에는 이미 바둑알까기를 보기 어려워졌고, 지금은 흔적조차 남아 있지 않다. 나는 늘 그것이 의아했다. 정말 아무도 그런 놀이에 흥미를 느끼지 않는 걸까? 지금도 가끔씩 바둑을 둘 적이면, 의식적으로 예전에 바둑알까기를 하던 손동작을 지어본다. 바둑알을 엄지손가락과 식지 사이에 끼우고, 엄지손가락을 구부려서 언제든지 알을 쏠 수 있게 말이다. 여하튼 시대는 달라졌다.

당시 바둑알까기는 몇 가지 놀이 방법이 있었다. 가장 흔한 것은 '파사擺射'라는 것인데, 가장 자극적이기도 했다. 양다리를 벌리고 바닥에 주저앉아 바둑알 몇 개를 겹겹이 놓으면, 상대방은 일정한 거리에서 바둑알을 쏜다. 바둑알을 쏘아서 상대의 바둑알을 맞히면 내 것이 되고, 반대로 상대방이 쏘아서 빗맞으면 나의 전리품이 되는데, 마치 진지전陣地戰과 유사한 구석이 있다. 방어를 하는 한편으로 공격을 퍼붓는다. 쏘아서 맞힐 가능성은 '정확성'과 거리에서 결정된다. 거리는 겹겹이 놓은 바둑알의 숫자로 결정하는데, 대개 바둑알 두 개를 놓은 경우가 가장 가까워서 2m 정도이고, 바둑알 여덟 개를 한 줄로 벌여놓은 경우에는 6, 7m 정도 떨어져서 쏘아야 한다. 물론 지면도 고려한다. 지면이 평평하고 매끄러우면 공격은 쉽지만 방어는 어렵기 때문에 거리도 멀어진다. 바둑알을 펼쳐놓는 쪽은 바둑알을 다 늘어놓으면, "× 개 세웠다. 헛방이다!" 하고 소리친다.

또 하나는 '추계追鷄'라는 것이다. 대개 두 사람이 놀이를 하는데, 한 사람당 바둑알 하나씩을 돌아가며 쏘아서 상대방 바둑알을 명중시키면 승리하는 방식인데, 서로 쫓고 쫓기는 유격전과도 같다. 또 한 가지 '낙효자落效仔'라는 특이한 놀이가 있다. 땅바닥에서 대접만큼 오목하게 파인 곳을 찾거나 아니면 평지에 작은 원을 그려서 '효效'를 삼는다. 몇 사람이 '효'를 향해서 바둑알을 던지는 것으로 놀이가 시작된다. 그 다음은 바둑알에서 '효'까지 가장 가까운 사람이 먼저 한다. 이때 바둑알을 '효'에 넣으면 '유효有效'가 된다. 그러면 계속하여 '효'의 주변에 가까이 있는 다른 바둑알을 쏘아서 멀리 튕겨 낸다. '효'에 들어가지 못한 쪽은 '유효'를 얻은 쪽에게 돌아가면서 얻어맞아 '효'에서 점점 멀어지는데, 돌아가면서 모두 한차례씩 쏜 뒤에야 비로소 새로 '효'에 바둑알을 던질 수 있다. 이때 '효'에 들어가면 고난에서 벗어나지만, 들어가지 못하면 계속하여 징벌을 받는다. '효'에 넣지 못하면 추방을 당하는데, 남의 바둑알을 맞고 튕겨나가는 것은 뿌리가 없고 고향이 없다는 의미이기 때문이다.

어떤 놀이법이든 모두 바둑알까기 방식을 응용한 것이다. 바둑은 대개 얇고 매끄럽게 연마하지만, 때로는 기름에 담그거나 밀랍을 먹이기도 하였고, 또 고의로 얇게 만들어 상대방이 쉽게 맞추지 못하게 했다. 당시 우리는 바지주머니와 책가방에 정성들여 만든 바둑알 몇 개씩이 들어 있었다. 그것은 우리에게는 마치 호위병과도 같은 존재였다.

나중에는 도박의 성격을 지닌 놀이가 나오기도 했다. 바둑알을 한 움큼 쥐고 상대방에게 홀수인지 짝수인지 알아맞히게 하여, 맞히면 이기는 것이었다. 당시 어린 도박꾼들은 지금쯤 아마도 모두 부자가 되었을 것이다.

22 소년 카레이서

나와 같은 세대 가운데는 지금 '벤츠'나 'BMW'를 비롯한 자신의 승용차를 소유한 사람들이 적지 않다. 하지만 우리가 최초 어떻게 차를 손에 넣었는지 기억할지는 모르겠다. 불룩 튀어나온 맥주배에 여비서를 끼고 고속도로에서 드라이브를 즐기는 사람들이 어린 시절에 작은 나무판자 위에 책상다리로 앉아서 부릉부릉 달리던 즐거움을 과연 기억하고 있을까?

일찍이 우리모두는 소년 카레이서였다.

제 손으로 만든 목판차木板車가 언제 어디서 처음 만들어졌는지는 모르겠지만, 이것이 광저우의 평범한 시민의 위대한 발명품이라는 사실만큼은 단언할 수 있다.

볼베어링을 사용해 바퀴를 만드는 일은 간단하다 치더라도, 핸들이나 동력장치를 만들고 또 날렵하게 달리게 만드는 것은, 결코 간단한 일이 아니었다.

차체는 두꺼운 나무판자로 만들었는데, 크기는 70×50cm 정도였다. 뒷 바퀴는 두 개의 볼베어링과 기다란 원목을 사용했는데, 원목을 나무판의 바닥에 고정하고 양끝을 볼베어링에 장착했다. 앞바퀴는 볼베어링 하나를 기다란 판자에 고정하여 만들고, 기다란 판자를 바닥판의 앞부분에 나사로 고정하고 손으로 양끝을 붙들고 좌우로 흔드는데, 이것이 핸들이었다. 이상이 전체 부품과 제작 공정이다. 가장 중요한 부품은 볼베어링인데, 전체 부품 가운데 가장 비싼 것이어서 당시 우리에게는 사치품이었다.

동력시스템은 파트너의 두 다리였다. 레이서가 다리를 구부리고 차에

앉아서 핸들 역할을 하는 긴 판자의 양쪽 끝을 잡으면 파트너는 두 손으로 레이서의 등을 밀고 달렸다. 밀다가 지치면 서로 역할을 바꾸었다.

어떤 친구는 '독립군'이 되려고 했지만, 그것은 몹시 힘들었다. 두 손으로 핸들을 움켜쥐고, 한쪽 다리는 책상다리를 하고, 몸을 약간 기울여서 다른 한쪽 다리로 쉬지 않고 땅바닥을 밀치고 나갔다. 이런 자세는 마치 개가 기어가는 것과 비슷했는데, 속도는 당연히 두 사람이 파트너가 되어 협력하는 것에 미치지 못했기 때문에 파트너를 찾지 못할 경우에만 그렇게 했다.

1970년대에 광저우에서는 크고 작은 거리 곳곳에서 이런 목판차가 내달렸다. 화강석을 깔아놓은 길이나 아스팔트 도로는 부릉부릉 소리를 내며 내달리는 소년 카레이서들의 유쾌하고 거친 함성으로 뒤덮였는데, 이는 광저우의 옛 거리에서 가장 활기차고 열정적인 모습이었다. 물론 노인들은 아이들의 이런 놀이를 탐탁해하지 않았다. 골목길을 드나들 적마다 신경을 쓰며 피해 다녀야 하였고, 또 집에서 눈을 지그시 감고 쉴 적에는 아이들의 떠드는 소리에 놀라기도 했기 때문이다.

이런 차는 놀이 전용인 것만은 아니었으며, 운반도구로 이용하는 집도 많았다. 예를 들어 석탄을 옮긴다거나 쌀을 나른다거나 하는 경우에 사람이 메고 나르는 것보다 한결 품을 덜 수 있었다. 나무 핸들의 양쪽에 밧줄을 매달고, 어른은 앞에서 끌고 아이는 뒤에서 밀면, 화강석 도로 위를 덜컹덜컹 구르면서 평범한 가정의 일상을 노래했다.

이제 이런 차는 보기 어렵다. 모두 부서지고 사라진 것일까? 아니면 어딘가에 잘 넣어둔 것일까?

23 세월과 난로 속의 석탄

신문에서 '광저우에는 아직 105곳의 연탄판매소가 있다'는 제목을 보고 기억의 문이 활짝 열린 적이 있다. 당시 기사를 보고는 연탄과 관련된 오랜 기억들이 줄줄이 떠올라 눈앞에 하나씩 펼쳐졌다.

연탄에 대한 기억은 또렷하다. 어려서부터 집에서 연탄을 땠기 때문에 연탄난로를 피우느라 뺨을 한껏 부풀려 화로에 입김을 불어넣고 죽어라고 부채질을 하던 느낌은 지금도 생생하다. 그런데 내가 연탄에 대해 특별한 감정을 갖게 된 것은 중학교 시절에 읽은 궈모뤄郭沫若[50]의 시였다. '화로에서 활활 타는 석탄'을 자신에 비유한 내용으로 기억되는데, "나의 조국아! 너를 위하여 나를 불태운다."고 했다. 이로부터 나는 연탄에 대하여 일종의 인문적 관심을 갖게 되었고, 또 어렴풋하게나마 자신을 불사르는 것 같은 격정을 느꼈다. 물론 그것은 중학생식의 낭만적 격정이었고, 글에서 받은 감동일 뿐이었다. 당시 행복할수록 쓰라린 과거를 잊지 말라고 가르치던 교재에는 석탄광부들의 피눈물 나는 이야기가 항상 실려 있었지만, 어쩐 일인지 그저 덤덤하기만 했다. 석탄광부에 대해 고마움을 느낀 것은 대학에 다니던 무렵이었다. 탄광지역 출신인 한 학우가 말하기를, 탄광의 갱내작업장에서 사고가 발생하면 처절하고 귀를 찌르는 사이렌 소리가 울리는데, 마치 날카로운 발톱으로 가족들의 애간장을 후벼파는 것만 같았다고 했다. 그의 진지한 어투와 표정에 나는 숙연해졌다. 활활 타오르는 난롯불은 자신을 불사르는 것이다. 평

---

[50] 1892~1978. 중국의 시인, 극작가, 사학자. 창조사(創造社)를 결성하고, 갑골문과 금석문을 연구했다.

범한 불을 대할 적마다 나는 마치 제사를 지내는 것 같은 엄숙함을 느꼈다.

소년시절을 돌아보면, 당시는 문화대혁명이 시작되던 무렵으로, 도시 주민이 사용하는 연탄은 공급이 턱없이 부족했다. 그 무렵 광저우에는 2백 개가 넘는 연탄판매소가 있었는데, 주민들은 배급표를 들고 가서 연탄을 구입했다. 그런데 문제가 있었다. 정량 공급의 문제가 아니라 어떤 연탄을 구입하여 어떻게 쓸 것인지가 문제였다. 석탄가루·조개탄·구멍탄 등 품종에 따라 가격이 적지 않게 차이가 났다. 때문에 이미 만들어 놓은 것 대신에 집에서 직접 조개탄을 만들거나 구멍탄을 찍어서 사용하는 사람이 많았다. 마치 패놓은 장작과 통장작이 가격 차이가 있어서, 대부분 통장작을 선택하던 것과 같은 이유였다. 이 때문에 당시 광저우 거리에서는 집 앞에 벌여놓은 연탄 작업장을 흔히 볼 수 있었다. 구멍탄을 만들려면 틀이 필요했기에, 요즘에 비디오테이프를 빌리는 것처럼, 구멍탄의 틀을 빌리는 일이 성행했다. 구멍탄을 찍을 적이면 사람들이 에워싸고 구경하는 가운데, 한 장 한 장 정성껏 탄탄하고 매끈한 구멍탄을 찍어냈다. 조개탄을 만드는 데는 별다른 기술이 필요 없었다. 석탄을 물에 개어 손으로 둥글게 빚어서 햇볕에 말리면 되었다. 말린 조개탄을 걷어내면, 바닥에는 얼룩이 남았는데, 그것은 생명의 여정旅程 가운데 한 단락을 나타내는 것이었다.

우리 집에서는 연탄을 직접 만들지 않고, 만들어 놓은 것을 사다가 썼다. 어머니가 배급표와 돈을 들고 연탄판매소에 갔다가 추위에 떨면서 돌아올 적이면, 연탄을 짊어진 배달부가 뒤를 따라오고는 했다. 나는 이것이 늘 불만이었다. 우리 집에 숙제를 하러 온 친구도 이상하다는듯 어머니를 훑어보았다. 나는 우리 집도 문 앞이 검은 전쟁터가 되어 구경꾼에게 에워싸였으면 하는 마음이 간절했다.

훗날 나는 상산하향上山下鄕 운동51)에 참가하면서, 연탄에 대한 느낌이 사뭇 달라졌다. 당시 나는 '연료'의 의미로 연탄을 또렷이 인식하게 되었다. 매일 산이나 밭에서 일을 마치면 마른 가지나 썩은 나무를 한 아름씩 주워야만 불을 지피고 밥을 지을 수 있었는데, 농가에는 항상 땔감이 비축되어 있었기 때문에, 때로는 훔치기도 했다. 우리는 바쁠 때는 땔감을 할 시간이 없었고, 한가할 때는 게으름을 부리느라 땔감을 준비하지 못했기에, 먼 산까지 가서 정당하게 땔감을 하지 못할 때가 있었던 것이다. 한번은 이웃의 몇몇 지청知靑이 땔감이 없어서 식사를 포기하고 있다가 너무 배가 고픈 나머지 항아리 덮개를 태워 음식을 한 적도 있었다. 당시 '연탄'은 너무도 멀고 너무도 사치스러운 것이었다. 우리는 회의에 갔다가 어떤 공사公社에서는 연탄을 사용하는 것을 보고 마치 도시에 돌아간 것만 같은 착각에 빠지기도 했다. 겨울에 벽돌을 굽는 가마를 데울 때는 3만 근이 넘는 장작이 우리 손을 거쳐서 한 단씩 아궁이로 들어갔다. 장작은 열흘 넘게 탔고, 우리는 불기운에 늘어졌다.

세월이 숨 가쁘게 흐른 지금, 거리에서 연탄을 찍던 사람들은 이제 대부분 가스를 사용할 것이다. 물론 지금도 광저우에는 연탄을 사용하는 사람이 있지만, 내가 생각컨대 아마도 그들은 아닐 것이다. 왜냐하면 당시에 그들은 열심히 일했고, 공구를 다룰 줄 알았으며, 또 많은 사람들이 그를 에워싸고 구경했는데, 그것은 그들

---

51) 중국의 문화대혁명 후기에 도시의 학생이나 지식인들이 농촌의 생산대(生産隊)에 들어가 함께 노동하고 생활하면서, 대중을 위한 문화를 구축하게 한 정치운동을 말한다.

이 결코 무능하지 않다는 의미이기 때문이다. 그렇게 성실하고 열정적인 사람이 아직도 돈을 벌지 못했겠는가?

광저우에서 연탄배급표는 오래 전에 사라졌고, 시민들은 대부분 가스를 사용한다. 연탄가게는 머지않아 박물관이 될 것이다. 예전에 광저우에는 '훙산紅山'이라는 유명한 연탄판매소가 있었다. 가장 호황일 적에는 7명의 직공이 3천 가구 이상이 사용하는 연탄을 공급했다. 지금은 겨우 두 사람이 남았고, 하루 판매량은 예전의 20분의 1에도 미치지 못한다. 언젠가는 연탄판매소가 정말로 박물관이 되는 날이 올 것이다.

연탄배급표가 통용되던 시절에 그것이 현금 대신 사용되었다는 사실은 흥미롭다. 예를 들어 아침에 작은 음식점에 들어가 연탄표 한 장을 내면 납장拉腸[52] 한 접시나 고기죽 한 그릇을 먹을 수 있었다.

가스가 연탄을 대신하여 편리하고 쾌적해졌지만, 사람들은 과연 얼마나 행복해졌을까? 물론 계량할 방법은 없다. 다만 가끔씩 예전 광저우 거리에서 보던 우람한 검은 손과 이마에 맺힌 땀방울을 떠올릴 따름이다.

---

52) 쌀을 갈아 만든 얇은 피에 분쇄한 고기·생선살·새우살을 소로 넣어 빚은 광둥식 간식거리.

24. 닭과 오리의 대화

언어학자의 통계에 따르면, 세계적으로 월어(粵語: 광동지방의 대표적 한어 방언)를 사용하는 인구는 7천만 명 정도이다. 어떤 방언이든 지역문화의 특징을 지닌다. 월어의 어휘 가운데, '다디(打的: 택시를 타다)', '딤섬(點心: 간식)' '마이단(埋單: 계산하다)' 등은 가장 널리 쓰이는 말인데, 그렇다면 이것이 월문화의 가장 대중적 상징일까?

예전에 허난성河南省 정저우鄭州에서 강의를 한 적이 있었다. 당시 호텔 레스토랑에서 식사를 마치고 웨이트리스에게 '제장(結帳: 계산)'을 요구했더니, 뜻밖에도 그녀는 "마이단이요?" 하고 되물어 광저우 토박이인 나를 깜짝 놀라게 만들었다. 예전에는 북방사람이 광저우를 찾으면 말이 통하지 않아 몹시 불편하였고, 또 광둥인이 구사하는 보통화(普通話: 현대 중국어의 표준어)가 대개 "주양! 주양!"(久仰! 久仰!)을 "꺼우양! 꺼우양!"(狗養! 狗養!)이라고 발음하는 수준이기 때문에,[53] 사람들은 '계동압강鷄同鴨講', 즉 '닭과 오리의 대화'[54]라고 빈정댄다. 그런데 정저우의 아가씨는 '마이단'이라는 말로 내가 '제장'이라고 말한 것을 바로 잡아주니, 닭의 언어와 오리의 언어도 서로 닮을 수 있는가 보다.

광저우 시장을 지낸 리쯔류黎子流는 아마도 가장 과감하게 닭의 언어와 오리의 언어를 함께 구사한 공무원일 것이다. 그가 시장으로 재임하던 당시에 그의 보통화를 놓고 이런

---

53) '꺼우양'은 '개자식'이라는 뜻이고, '주양'은 처음 만나서 인사를 할 때 '성함은 익히 들었습니다'는 의미의 상투적 표현이다. 이 말은 광둥인들의 보통화 구사 능력이 형편없어서 인사말이 마치 욕설처럼 들릴 정도라는 말이다.
54) 원래 광둥 지방 월어방언구에서 유래한 말로, 서로 언어가 달라서 의사소통이 불가능함을 형용한 말이다.

저런 우스갯소리가 나돌았다. 한 가지 사례를 들어 보겠다. 리쯔류가 해군 기지를 방문하여 치사를 하는데, "'란팅爛艇'과 '란파오爛炮'를 보니 마음이 든든합니다."[55] 했다. 이 말을 들은 사람들은 박장대소했다. 그는 광저우에 보통화를 훌륭하게 보급한 사람이라고 평가한대도 지나치지 않을 것이다. 그는 자신의 보통화가 형편없어서 사람들의 웃음을 자아낸다는 사실을 잘 알고 있었지만 아무렇지도 않다는 듯 가는 곳마다 보통화를 사용했다. 그야말로 가장 훌륭한 메신저가 아닌가?

역사적으로 월방언은 초楚방언과 중원 한어漢語의 영향을 받아서 형성되었기 때문에, 닭의 언어와 오리의 언어는 '한 핏줄'로 이어진 셈이다. 다시 리쯔류 이야기를 해 보자. 광저우 시민은 그를 '보라오嚗佬 시장'이라고 친밀하게 부른다. '보'라는 글자는 월방언에서 시골사람을 얕잡아 부르는 말로, 북방사람이 이 글자를 안다면, 그는 아마도 구어 수준이 상당할 것이다. 언어학자들은 이 글자는 초방언에서 유래한 것으로, 「방언方言」과 「광아廣雅」[56] 등 옛 문헌에 실려 있다고 한다. 그렇지만 오늘날 초인楚人은 월인粤人의 입을 빌려서 자신들의 옛 발음을 살필 수 있을 따름이다.

월방언은 고대 초방언 이외에도 광둥과 광시 지방에서 사용하는 장어壯語・동어侗語・태어傣語와도—장동어족壯侗語族에 속하며, 고태어古台語로도 불린다.— 관계가 밀접하다. 예를 들어 보자. 광둥인은 '아밍阿明', '아강阿强' 하는 식으로, 인칭 앞에 '아阿'라는 말을 덧붙이기 좋아한다는 사실은 널리 알려져 있다. 이처럼 '아'

---

55) '란팅(爛艇)'은 '썩어문드러진 배'라는 의미가 된다. '함정'은 표준어인 보통화로는 '젠팅(艦艇)'으로 발음해야 한다. 또 '란파오(爛炮)'는 '썩어문드러진 대포'라는 의미가 된다. '함포'는 보통화로는 '젠파오(艦炮)'로 발음해야 한다.

56) 「방언」과 「광아」는 모두 중국의 옛 한자 자전 이름이다.

라는 말을 앞에 더하는 것은 고태어에 공통적으로 존재하는 용법으로, 월방언에서 먼저 이를 받아들였고, 훗날 위魏·진晋 시기에 이르러서는 북방언어 계통에 전해졌다.

진秦·한漢 시기에는 중원에서 많은 한인이—당시 남하한 군사, 남하한 관료, 유배된 죄수들— 광둥으로 들어왔는데, "서로 언어가 달라 통역을 거쳐야 의사소통이 되었고", "차츰 의사소통이 되면서 조금씩 계몽되었다."—「후한서後漢書」'남만서남이열전南蠻西南夷列傳'에 나온다.— 이는 월방언이 중원 한어의 영향을 받은 과정이기도 하다. 당나라 때에 월방언은 중원 한어의 발음과 문어文語를 받아들여 한층 성숙되었는데, 이 무렵은 언어 동화의 절정기였다. 그렇지만 천하의 형세라는 것이 본래 통합이 오래되면 다시 분열하는 법이어서, 송나라가 개국하자 상황은 다른 방향으로 진행되었다. 북쪽에 있던 송나라 사람들은 월방언이 소통하기 어렵다고 느꼈다. 명나라가 되어서 월방언은 비로소 지금의 월방언과 비슷하게 되었다.

당나라 유종원柳宗元은 「여소한림면서與蕭翰林俛書」에서 당시 초방언과 월방언에 대하여 이렇게 묘사했다.

> 만이蠻夷의 고장에서 살아보니 …… 정서가 거의 중국인이 아닙니다. 초 지방과 월 지방의 말소리는 아주 희한한데, 마치 새가 지저귀는 것 같아 알아들을 수 없습니다. 지금은 귀에 익어 이상하지 않으니 이미 닮아버렸나 봅니다. 집안 아이들은 밤낮으로 자연스럽게 재잘대지만 북방사람의 말을 들으면 울면서 달아나 숨어버립니다.

이런 상황은 광저우에 이주한 북방사람이 광둥방언에 적응하는 과정에도 적용될 것이다. '새가 지저귀는 것 같아 알아들을 수 없던' 데서 출발하여 '자연스럽게 재잘대는' 정도가 된다면, 그것은 더 이상 '닭과 오리가 대화하는' 식은 아니다.

그런데 오늘날 월어는 또 다른 유행 때문에 월인 자신도 '닭과 오리가 대화하는' 식의 장애가 생겨났다. 바로 홍콩에서 사용하는 구어의 영향인데, 영어 어휘가 대단히 많이 섞여 있고, 증가 속도가 무척 빠르며, 1년 내지 2년이면 도태되기도 한다. 예를 들면 '남바喃把'[number:號碼], '시도土多'[store:小商店], '인초이烟裁'[enjoy:欣賞], '쿠枯'[cool:冷酷] 같은 것이다. 광저우 환스중로環市中路—홍콩의 중환中環에 비견되는 거리다.—에 있는 고층빌딩에서 근무하는 화이트칼라는 1분 동안에 20개나 되는 영어 낱말을 섞어 이야기 하는데, 영어 발음은 모두 월어 스타일이다. 만약 듣는 사람이 같은 부류가 아니라면 '닭과 오리가 대화하는' 식이 될 수 있다. 이런 문제에 대해 광둥의 대중매체들은 엄격하게 통제하는 편이다. TV 프로그램 진행자는 '바이! 바이!'라는 한마디 정도를 제외하고 방송에서 영어를 사용할 수 없다고 한다.

많은 북방사람들이 월방언은 알아듣기 어려울 뿐이지 글자는 보면 알 수 있을 것이라고 생각하는데, 그것은 오해다. 사실 월방언은 고유의 체계를 지닌 글쓰기 방법이 있는데, 홍콩의 숱한 신문과 잡지는 모두 이런 문어로 채워진다. 다만 중국에서는 통제가 아주 엄격하기 때문에 함부로 쓰지 못할 뿐이다. 다음 짤막한 대화를 보자.

"응도우레이얌판부이신."(我都嚟飲翻杯先.)
"네이고티우궤이구응데이팅뤄사이라."(你嗰條鬼古我哋聽過晒喇.)
"카우이가또사우음항욱케이, 네이직칭하우충원카우하이라."
(佢而家多數唔响屋企, 你直程去廠搵拒系啦.)

무슨 소리인가? 북방사람이라면 분명 어리둥절할 것이다. 표준중국어인 보통화로 번역하면 다음과 같다.

"워예라이허상이베이자이쉬."(我也來喝上一杯再說.) ―나도 한 잔 하고 다시 이야기하자.
"니나거관위구이더구스워먼취안더우팅궈러."(你那個關于鬼的故事我們全都聽過了.)―귀신에 관한 이야기는 우리도 들은 적이 있다.
"니셴자이두오반부자이자, 니즈제다오창리자오타지우스러."(你現在多半不在家, 你直接到廠裏找他就是了.)―지금은 집에 있는 경우가 거의 없으니, 직접 공장으로 그를 찾아가면 된다.

그야말로 닭의 언어를 적어 오리에게 보여주는 꼴이 아닌가?

25 아이를 낳을 줄만 알고 이름을 지을 줄은 모른다?

각종 포럼을 비롯한 이런 저런 자리에서 "우리 광저우인은 아이를 낳을 줄만 알지 이름을 지을 줄은 모른다."고 말하는 것을 들은 지도 제법 되었다. 사람들은 그 말을 받아서 이름을 짓는 것이 왜 중요한지 목청을 높였다. 아이를 낳는다는 것은 실천적 행위이고, 이름을 짓는다는 것은 이론적으로 정리하여 다음 단계로 올라가고 또 널리 알린다는 의미다. 광저우인은 누구나 실천적이기 때문에 부질없거나 실천할 수 없는 공론은 꺼내지 않는다. 게다가 골치 아픈 문제를 일으킬 것을 염려하여, 실천만 할 뿐 말하지는 않는 경우가 많다. 하지만 광저우에도 다른 곳처럼 이론에 근거하여 토론으로 먹고 사는 사람들이 있고, 관료들도 아무 구호도 없이 좋은 성과만을 내기는 어렵기 때문에 '이름 짓는 방법을 배워야 한다' 는 말이 제기되는 것이다.

먼저 실천한 다음에 이론을 논의하는 것을 빗대어 "먼저 아이를 낳고 나중에 이름을 짓는다."고 말한다. 예전에 광저우시 선전부는 TV 정치드라마를 제작하면서 "광저우에는 의견을! 조국에는 기적을!"이라는 캐치프레이즈를 내건 적이 있었다. 캐치프레이즈는 상징적 의미를 담고 있었다. 실천만 있고 의견 제시가 없어서는 아니 된다는 것이었다. 기적조차도 실천 이외에 의견 제시가 있어야만 완성된다는 의미였다. 명분과 실질에 있어서, 광저우인은 실질을 '본체' 로 삼고 명분을 '응용' 으로 삼는다. 즉 아이를 순산하는 것이 우선이고, 이름을 짓는 것은 그 다음 문제라는 것이다. 사실 광저우인은 이름 짓기를 소홀히 여기는 것은 결코 아니며 대충

지어서는 아니 된다고 생각한다. 그래서 광저우인은 아이를 잘못 낳는 것이 두려운 것이 아니라 이름을 잘못 짓는 것이 두렵다고 말한다. 광저우인의 사고방식으로는, 아이의 이름은 아이의 삶과 연관되지만, 실천과 '주장' 사이에 반드시 큰 관계가 있는 것은 아니라고 생각한다. 그래서 광저우의 경제발전 속도와 생활수준의 향상은 전국에서 주목을 받았지만 이제껏 '광저우 모델'을 토론하고 정리하였다는 말은 들어보지 못했다.

또 한 가지 사례를 들어보자. 1978년, 광저우는 전국 최초로 수산물시장을 대거 개방했는데, 민물 생선이나 새우를 자유롭게 거래함으로써 순식간에 수산물시장에 활기를 불어넣었다. 남국 수향水鄕에서 살아가는 광저우인은 20년 만에 싱싱한 생선을 마음껏 먹을 수 있게 되었고, 인근에서는 물고기 양식이 늘어났다. 이는 광둥 지방의 개혁개방의 역사에서 대서특필할 만한 일이었고, 그것이 갖는 상징적 의미와 영향력은 컸다. 하지만 이 일에 대해서 그럴듯한 이론적 논의는 전혀 없었다.

어떤 경우에는 이론적 논의가 있었지만, 인상적이고 감성적인 논의에 그쳤을 뿐 깊이 있는 분석에는 이르지 못했다. 이는 제법 흥미로운 현상이다. 예를 들어보자. 광저우와 주강삼각주 지역은 많은 외자를 유치했는데, 한동안 이를 우려하는 사람들이 있었다. 당시 광저우시위원회 서기는 "남의 선박을 빌려 바다에 나간다."는 한마디로 담담하게 이론적 답변을 대신했다. 이유는 간단했다. 바다에 나가고는 싶지만, 당장은 선박을 만들거나 구입할 능력이 없어서 임대한 것인데, 그것이 무슨 문제냐는 것이었다.

광저우인이 이름을 지을 줄 모른다는 말은 허튼소리를 할 줄 모르고, 이론적 깊이가 있거나 원대한 식견이 있는 체하기를 내켜 하지 않는다는 의미다. 광저우인은 세상은 일해서 만드는 것이지, 토론이나 논쟁으로 되는 것이 아니고, 엄연한 사실 앞에서 논쟁을 하는 것은 소용없다고 여긴다. 부질없이 입을 놀리느니―광저우인은 '침을 낭비한다'고 표현한다.― 일단 실천하는 편이 낫다는 것이다. 때로는 하고 나서도 거론하지 않는 경우도 있다. 분명하게 이득이 되면 그것으로 그만이라고 생각하기 때문이다.

광저우인이 지닌 이런 특징은 좀 더 연구해도 좋을 것이다. '이름 짓기'에 뛰어나다는 것은 이성적 능력을 드러내는 것임에 분명하다. 헤겔[57]이 "머리를 써서 길을 걸어라."라고 언급한 것처럼 말이다. 하지만 '아이를 낳기'만 한다면, 감성적 사람일 뿐 이성적 사람이라고는 할 수 없다. 어느 것이 높고 어느 것이 낮은지는 말이 필요치 않다. 하지만 "사람의 이성이란 자신의 이익이다."라는 경제학의 기본 가설은 광저우인의 특징과 절묘하게 어울린다. 광저우인의 감성은 노동의 성과에서 볼 때, 가장 이성에 부합된다. 광저우인은 누구나 시장에서는 돈이 모든 것을 결정한다는 사실에 동의할 것이다. 시장에서는 돈을 보지 사람을 보지는 않기 때문이다. 이는 소박한 감성적 인식이지만, 갑론을박의 이론적 토론보다 시장의 이성에 더 잘 부합한다. 그러므로 광저우인은 "이름을 지을 줄 모른다"는 비아냥거림을 너무 염려할 필요는 없다.

광저우인은 앞으로도 자신의 아이를 잘 낳을 것이고, 남들이 멋진 이름을 붙이게 만들 것이다.

[57] Georg W. F. Hegel, 1770~1831. 독일의 철학자. 칸트 철학을 계승한 독일 관념론의 대성자.

26 출신은 묻지 않고, 능력만을 따진다?

광저우에는 수많은 외지인이 살고 있다.

광저우를 찾은 외지인은 이런저런 걱정이 많겠지만, 출신이나 이력에 대해서는 염려하지 않아도 된다. 광저우인은 그들이 어디에서 왔는지, 어떤 집안 출신인지는 중요하게 여기지 않으며, 재능이 어떤지 투자할 자금은 얼마나 되는지를 알고 싶어할 뿐이기 때문이다. 이런 사실에는 대다수 외지인이 고개를 끄덕일 것이다.

출신이나 배경을 따지지 않는 인재관념은 정치의 중심에서 멀리 떨어진 광저우의 지리적 여건과 관계가 깊다. 어차피 '영웅'이 없으니 굳이 '출신'을 따질 필요는 없다는 사고방식인 셈이다. 사실 영웅이 존재하지 않는 것이 아니라, 영웅이란 애당초 출신을 따질 필요가 없는 존재이기 때문이다. 광저우인이 흔히 말하는 '행행출장원行行出壯元'은 "어떤 직종이나 직업이라도 뛰어난 사람은 있게 마련이다."라는 뜻이다. 광저우인은 실로 재능만을 살필 뿐, 경력이나 출신배경 따위는 따지지 않는다. 그들이 유일하게 따지는 것은 "능력이 있는가?"이다.

인재를 쓸 줄 아는 광저우인은 시장원리로 사람을 평가한다. 마치 조조曹操가 전쟁의 법칙에 따라 장사將士를 기용한 것과 다르지 않다. 한 사례를 들어보자. 광저우의 신문업계에는 이른바 '떠돌이 기자'들이 있다. 그들은 전국 각지에서 흘러든 사람들로, 흔히 장발에 긴 부츠를 신고 큰 배낭을 메고 다닌다. 그들은 광저우 출신 기자들에 비해 전위의식, 활력, 학술적 안목 등이 모두 뛰어나다. 일정한 거처가 없고, 가사에 얽매이거나 인간관계에 얽혀 있지 않기 때문에 로비에 더욱 집중할 수 있고 언제든지 싸울 준비가 되어 있다. 예리한 안목을 지닌 편집부에는 이런 떠돌이 기자 몇 명쯤이 꼭 필요하다. 인재를 볼 줄 아는 사장이라면, 그들이 로비 능력과 기사작성 능력이 있다는 사실을 안다. 또 그들 가운데는 원래 다니던 직장에 만족하지 못하거나, 대학을 졸업하고도 제대로 된 직장에 다녀본 적이 한번도 없거나, 대학졸업장도 아직 손에 넣지 못한 사람이 있다는 사실도 알고 있다. 따라서 출신을 따진다면 고용하기에 부적합한 사람도 있지만, 출신을 따지지 않는다면 누구든지 활력이 넘치기에 최대한 써먹을 수 있는 것이다. 그렇다면 출신을 따질 것인지 능력을 따질 것인지를 선택하기란 아주 간단하지 않은가?

1980년대에 광저우에서는 인재정보서비스업체가 잇달아 등장하여 인재시장의 발전을 이끌었다. 그리고 1990년대는 과학기술인력과 경영인력을 전문적으로 발굴하는 헤드헌팅회사가 잇달아 모습을 드러냈다. 이는 외지인에게는 "돈을 벌려면 광둥으로 가라."는 의미였고, 광저우인에게는 "인재는 곧 돈이다."라는 의미였다. 쓸 만한 인재면 그만이지 출신이나 배경이 무슨 문제인가? 예전에 중국에서는 이주를 하려면 호구戶口, 양본糧本, 당안檔案 세 가지를 갖추어야 가능했다. 그러나 지금 광저우와 주강삼각주 일대에서 일하는 수많은 외지인들은 호구도 양본도 당안도 없는 '3무無'의 사람들이지만, 그들 가운데 상당수는 이미 직장에서 핵심 인물로 자리 잡았다.

사실 광저우인은 광저우인 자신에게도 "영웅은 출처를 묻지 않는다."는 식이 많다. 자신의 출신이나 경력을 과시하면 남에게 존경을 받기는커녕 오히려 반감만 사게 된다. 실질을 추구하는 광저우인의 이런 정형화된 사고방식은 공허한 말을 믿지 않고, 영웅을 무턱대고 숭배하지도 않는다.

게다가 광저우인은 식견이 베이징인처럼 그렇게 넓지 못하여 복잡하고 미묘한 '영웅의 출신'에 대해서는 잘 모른다. 그들에게는 자신이 아무개의 아들이고 아무개의 손자라는 식의 '출신'을 말한들 아무 소용도 없다. 애당초 그들은 아무개가 누구인지 모르기 때문이다. 영웅의 출처를 숭배하는 황성皇城의 문화적 분위기는 정치지향형 문화에서 흔히 나타나는 현상이다. 문화대혁명 때 베이징의 홍위병紅衛兵이 가장 먼저 "아버지가 영웅이면 자식은 호걸이고, 아버지가 반동이면 자식은 개자식이다."(老子英雄兒好漢, 老子反動兒混蛋.)라는 혈통론적 구호를 외친 것은 결코 우연이 아니다. 하지만 고산준령으로 가로막히고 황제의 도성과는 멀리 떨어진 광저우에서는 황제와 조금의 친분이라도 있는 '영웅'은 애당초 보기 어려웠고, 간혹 한두 명이 있대도 사람들은 대수롭지 않게 여겼다. 시장경제에서 불변의 원칙은 "돈은 따지지만 사람은 따지지 않는다."는 것이다. 사람을 따지지 않는데, 출신이니 배경이니 하는 것을 따져서 무엇 하겠는가?

한걸음 나아가 살펴보면, 영웅은 출처를 따지지 않는다는 말은 평민문화가 지닌 특징의 하나다. 평범한 골목길의 화목한 서민들에게는 사소한 것 하나도 모두 그들이 애써 노력하여 일군 것이다. 자유로운 꿈이 있는데, 영웅의 씨가 무슨 소용이겠는가? 열심히 일한 만큼 수확이 있는 법이다. "6억 인민의 중국 대지가 요순堯舜의 세상이 된다."고 한 마오쩌둥毛澤東도 영웅의 출처를 묻지 않았다. 세상이 급변할 때, 평범한 백성들의 진면목이 잘 드러나는 법이다. 어차피 영웅의 출처를 따지지 않기에 성공과

실패로 영웅을 논하지도 않는다. 이것이 아마도 광저우인의 영웅관일 것이다.

27 "필요하면 Call해."

중국의 북방사람들은 호출기를 'BP기'로 부르고, 광저우인은 'BB기' 또는 'Call기'라고 부른다. 중국에서 호출기가 한창 유행하던 시절에 광저우인은 "필요하면 Call해."라고 하는 것이 헤어질 때의 인사였다.

이 말에 담긴 의미는 분명했다. 내가 필요한 일이 생기면 언제든지 망설이지 말고 도움을 청하라는 말인데, 따져보면 다음과 같은 의미가 들어 있다.

예전에 '필요하면 연락하라'는 말은 상대방의 도움이 필요한 상황을 뜻하는 말이었다. 그런데 광저우인이 "필요하면 Call해."라고 하는 말은 훨씬 임의적이거나 일반적인 상황에서 하던 말이다. 이런 작은 차이는 일부 사람들이 생각하는 것처럼, 광저우인이 그렇게 몰인정하지는 않다는 것을 의미한다. 깊은 감정이 담기지 않은 담담한 말투지만, 그 담담함 속에 진실한 감정이 배어 있다.

어떤 사람은 이 말에서 보다 함축적인 의미를 느낀다고 말한다. 그러니까 "시간은 돈이고 생명이다. 꼭 필요할 때 나를 Call하라. 일이 없으면 괜히 연락해서 나를 귀찮게 하지는 말라."는 의미라는 것이다. 그러나 객관적으로 말하자면, 그런 의미가 함축된 것은 결코 아니다. 광저우인은 그런 식의 '미언대의微言大義'가 담긴 언어문화를 배우지 못했기 때문이다. 그들은 말을 그렇게 에둘러서 하는 머리가 없다. 진짜로 그런 의미를 전하려고 한다면, "일이 생기거든, 그때 Call해."라고 분명하게 말할 것이다. 이런 식으로 의미를 확대하는 사람이 무슨 악의를 품었다거나 함축된 의미를 들먹여서 광저우인을 깎아내리려는 것은 아니며, 남을 배려하려는 광저우인의 진심을 설명하려고 애쓴 것이라고 생각한다.

문구에 얽매일 필요는 없다. 광저우인은 돈만 벌면 그만이지 벗은 필요하지 않다고 생각하는 것은 결코 아님을 믿어도 좋다. 누군가는 "혼자서 모든 사업을 개척할 수 있는 사람은 없다. 서로 협력해야 한다는 것을 광저우인은 잘 알고 있다."고 말한다. 친구지간에 "필요하면 Call해."라고 말하는 것은 담담하지만 진심을 담은 말이다.

물론 만남이나 이별에서 인사치레의 표현이 필요한 것처럼, 이 말이 무심코 던지는 말이 아니라고 장담할 수는 없다. 중국의 선생님들은 외국 학생들에게 중국어를 가르치면서, 늘 중국인의 인사치레를 액면 그대로 받아들이지 말라고 충고한다. 그렇지 않으면 난감한 지경에 빠질 수 있기 때문이다. 그러므로 이 말을 대단한 보물처럼 붙들고서 깊은 의미를 찾고, 나아가 광저우인이 어떻다고 추론하는 것은 너무 경직된 태도다. 이 말에는 인사치레의 의미가 담겼고, 아울러 마음을 따뜻하게 하는 진심이 담겨있다.

호출기의 발명은 전화의 발명만큼 위대하지는 않지만, 그래도 소중한 걸작이다. 유선전화는 먼 곳까지 도달하지만, 전화선에 의지해야 하고, 사람도 전화기 옆에 있어야 한다. 유선전화만 사용하던 시절에는 밖에 나갔다가 전화가 없으면 연락을 취할 수 없었고, 또 자기 집이나 사무실을 벗어나도 연락이 닿지 않았다. 전화선이 필요한 번거로움을 해결한 것은 무선전신으로 빨간 전파로 기쁜 소식을 전했다. 하지만 무선전신은 개인이 휴대할 수 있는 장치가 아니었다. 휴대전화는 편리하지만, 수시로 충전을 해야 하고, 또 구입과 사용에 적지 않은 비용이 들어가는 단점도 있다. 게다가 휴대전화는 인체에 유해하다는 의학적 견해도 있어서, 일부 국가에서는 공공장소에서 사용을 금지하기도 했다. 이런 까닭으로 상대적 우월성을 갖게 된 작은 호출기는 허리춤에 매달거나 호주머니에 넣어두면 그림자처럼 따라다니며 일이 있을 때마다 알려주는, 통신병인 셈이었다. 광저우인은 호출기에 애정이 깊어서, 휴대전화가 인기를 끈 이후에도 한동안 잊지 않았다.

"필요하면 Call해."라고 하였다면, 호출을 받으면 전화를 거는 것은 일종의 의무인 셈이었다. 광저우인은 벨소리를 들으면 자리를 박차고 일어나 전화기 곁으로 달려갔다. 차를 타고 있거나 부득이한 상황이어서 회신이 늦어지면, 먼저 미안하다고 한 다음에 무슨 일인지 물었다. 친구지간에 각기 이런 통신병이 있다는 것은 분명 편리한 일이었다. 물론 일부 '직장인'들은 이 작은 놈에게 증오심을 가졌을 수도 있다. 호출기는 사장이 내 몸에 꽂아놓은 전령으로, 사장이 언제 어디서 호출하더라도 피할 수 없었기 때문이다.

나는 종일 서재를 지키고 있고 전화기가 바로 곁에 있어서 호출기는 사용하지 않았다. 만약 내가 친구에게 "필요하면 Call해."라고 말했다면, 내가 사용한 'Call'이라는 말은 가장 정통적인 의미였을 것이다. 'Call'은 본래 '전화를 건다'는 말이 아닌가!

28 편안함을 얻다

사물에 대한 사람의 인식은 바뀌는 경우가 많다. 광저우에 대한 외지인의 생각 또한 마찬가지다. 광저우에서 일하는 북방사람의 시각으로 그 변화를 실험해 보자.

처음 광저우에 도착하여, 바이윈白雲공항이나 광저우역을 빠져나오면, 눈길 닿는 곳마다 인파로 북적이고, 고층빌딩은 송곳 하나 꽂을 틈도 없을 것처럼 빽빽하게 늘어서 있고, 거리는 온통 날카로운 경적을 울리며 끊임없이 이어지는 자동차의 물결로 넘실댄다. 문득 알 수 없는 두려움이 엄습한다.

마음을 다소 가라앉히고 나면, 행인들은 바쁘게 움직이고, 한가하게 거리를 쏘다니는 사람은 아무도 없어 보인다. 비로소 내지內地의 생활 리듬과는 판이하다는 것이 실감난다. 자신도 모르게 마음이 바짝 긴장되면서, 이제 더 이상 느긋한 날은 영영 돌아오지 않으리라는 것을 직감한다. 긴장 때문인지 흥분 때문인지 알 수 없는 기대가 솟구친다. 내일 만날 첫 번째 상사의 모습을 상상하면서, 다른 한편으로는 이 정신 없는 곳에서 당장 오늘 밤 어디에서 잠을 청할지 걱정한다.

거처를 정하고, 출근을 하고, 동료와 이웃이 생기고, 또 몇몇 모임에도 나가 사람들과 어울린다. 이 즈음이면, 처음에 무척 당혹스러웠던 것이 자명해진다. 광저우인은 무엇 때문에 늘 저렇게 바쁘게 걷는지.

J 주임은 당초 예정처럼 주말에 아내와 함께 판위番禺에 가서 해산물 요리를 즐기지는 못할 것이다. 그는 외부에 특별편집위원으로 위촉되었는데, 내일 첫 미팅이 있고 미팅이 끝나면 간단한 파티가 예정되어 있기 때

문이다. L 편집장은 오늘 연신 싱글벙글이다. 편집실 식구들을 초대하여 야차夜茶를 마실 생각 때문이라고 말하지만, 옆 사람에게 슬쩍 물어보니, 외지의 한 출판사와 공동 제작한 달력이 어제 전시회에서 반응이 폭발적이었단다. 아트디렉터 Y는 목요일이면 퇴근하자마자 바이크를 타고 어디론가 총알처럼 사라진다. 알고 보니 한 주말판 석간신문에서 레이아웃을 담당하고, 다음날에는 공장으로 달려가 교정쇄를 본단다. 광저우에서 '투잡two job'은 진작부터 공공연한 일이었고, 본래 직장에서 주는 밥만 먹는 것이 오히려 비밀인 셈이다. 광저우인이 항상 종종걸음으로 걸어다니는 것이 이제는 이해가 된다.

드디어 광저우인의 생활방식을 분명하게 알 수 있다는 생각이 든다. 아마도 긴장·분투·속도·효율·배금주의 같은 말로 묘사할 수 있을 것이다. 북방 친구에게 보내는 편지에는 몇 달 동안의 경험을 쏟아낼 것이다. 하지만 막상 편지를 쓰고 나서 다시 읽어보면, 어딘가 막연하다는 느낌이 든다. 광저우인의 삶은 정말 이처럼 피곤한가? 그런데 그들은 왜 생기가 넘칠까? 그들은 왜 얼굴에 윤기가 넘칠까?

한 해 정도가 지난다. 추석도 지나고, 설날도 지나고, 우렁이를 먹는 법도 배웠고, '마이단埋單'이라고 말하는 것도 배웠다. 자신도 바쁘게 길을 걷게 되었다는 것은 특히 중요한 일이다. 이쯤에서 광저우에서의 생활을 돌아보며, 자신이 언제부터 이처럼 여유로운 마음을 갖게 되었는지 새삼 놀란다. 마치 올리브 열매를 씹는 것처럼, 이제 조금씩 맛을 느낀다.

어떤 맛일까? 충실함? 자신감? 자부심?

마음에 떠오르는 대답은 차츰 분명해진다. 바로 '편안함'이다. 그렇다. 광저우인의 삶의 방식이 외지인과 근본적으로 다른 점이 있다면, 바로 '편안함'이다. 이는 내가 찾아낸 것이 아니라 이미 숱한 사람들이 그렇게 말해왔다. 단지 조심스럽게 그런 견해를 체험하고 입증하는 것 뿐이다. 언뜻 보기에 '편안함'과 바쁜 리듬은 전혀 어울리지 않는 것 같다. 광저우인은 편안함에 대해서 인연은커녕 적개심을 가진 것처럼 보인다. 한꺼번에 몇 가지 직업을 가진 사람이 편안할 수 있을까? 엘리베이터조차 줄달음쳐서 올라타야 하는 사람이 편안할까? 패스트푸드 도시락을 파는 가게가 도처에 널린 도시가 편안할까? 밤낮으로 비좁은 거리를 가득 메운 자동차와 오토바이 사이를 비집고 지나가면서 편안함을 느낄 수 있을까? 이렇게 보면, 광저우인의 생활은 너무도 피곤하다.

    가장 내재적이고 진실한 편안함은 어떤 것일까? 편안함에는 두 가지가 있다. 하나는 행동이나 겉모습에 나타나는 것이다. 동작의 완만한 리듬에서 나오고, 행동의 느긋함에서 나오고, 모든 생각을 서서히 전환하는 데서 나오는, 일종의 만성질환 같은 것이다. 다행히 광저우인은 이런 편안함과는 인연이 없다. 또 하나는 마음과 정신에 깃든다. 바람이 숲에 머물고, 햇살이 이슬방울에서 춤추고, 저녁노을이 교회당 첨탑에서 무심히 불타는 것처럼, 자연스럽게 형성된 것이다. 이런 편안함은 온갖 유쾌한 느낌이 모여서 이루어진 것이다. 비즈니스 현장에서 남들이 돈을 얼마나 벌었는지 따질 필요가 없고, 남들도 내가 얼마나 벌었는지 셈을 하지 않을 것이다. 누구든지 이익을 얻었다면 모두가 happy하고, 사업이 성사되면 기쁜 것이다. 빈부격차는 늘 있게 마련이기에 각자 자신의 자리를 지켜서, 부자는 재력으로 가난뱅이를 속이지 않고, 가난뱅이는 부자를 시기하지 않는다.

부자는 가난한 체할 필요가 없고, 가난뱅이는 허세를 부릴 필요가 없어서, 부자든 가난뱅이든 모두 편안하다. 그러니 유쾌하지 않은가! 직장에서는 양심껏 일하면 되고 사장의 눈치를 볼 필요가 없다. 심보가 고약한 사장이 내일 당신을 해고할 생각이라면, 당신이 오늘 저녁에 먼저 사표를 던지고, 내일부터는 새로운 직장에 출근하면 된다. 그리고 잠시 시간을 내서 찾아가 임금을 청산하면 그만이다. 그러니 통쾌하지 않은가! 주거지에서는 경비원이 24시간 순찰하고, 무엇을 먹든 무엇을 사용하든 아무도 상관하지 않고, 누구와 함께 드나들던 뒤통수를 쏘아보지 않는다. 입주한 지 1년이 넘도록 아래층 아가씨의 이름조차 모르다가 어느 날 슈퍼마켓에서 마주쳐 살짝 눈인사를 건네고 돌아오는 내내 그녀의 미소를 음미한다. 그러니 유쾌하지 않은가! 고향에서 찾아온 가족친지를 데리고 시내 구경을 나갔다가, 화장실에 가려고 특급 호텔 로비로 거들먹거리며 들어서면, 제복을 입은 도어맨이 종종걸음으로 달려 나와 현관문을 열어준다. 그러니 통쾌하지 않은가! 직장동료들과 신선한 해산물을 먹으러 가서 직접 새우를 건져 올려 배불리 먹고, 나올 적에는 더치페이를 하고, 먹다 남은 홍새우·추염사록椒鹽蛇碌[58]·황금대병黃金大餠은 포장하여 가지고 돌아온다. 그러니 유쾌하지 않은가! 이런 사례들은 광저우인의 유쾌한 삶의 방식으로, 그들의 삶이 아주 편안하다는 것을 보여주는 것이 아니겠는가! 광저우인은 그 자리에 있기 때문에 강렬한 느낌은 적겠지만, 외지인의 경우는 사뭇 다를 것이다. 일단 광저우 생활에 적응하고 나서 내지로 돌아간다면, 이런 느낌은 분명해질 것이다. 마치 물고기가

---

[58] 볶은 산초와 소금을 다져 가루로 만든 조미료로 양념한 사록(蛇碌). 사록은 껍질을 벗겨낸 뱀의 살과 뼈 부위.

물이 차가운지 더운지 자연스럽게 알 수 있는 것처럼, 며칠 견디지 못하고 남쪽으로 돌아갈 궁리를 할 것이다. 광저우에 돌아오면 마치 제2의 고향 같은 친근함을 느낄 것이다. 공항을 벗어나 주변을 한바퀴 둘러보며 이것이야말로 편안한 삶의 상태이며, 바쁜 걸음걸이가 그 편안함을 감소시키지 않는다는 사실을 떠올릴 것이다.

편안함은 마음의 편안함이다. 생명 속 선원禪院의 종소리가 들려주는 편안함이다. 비가 그치고 날이 갠 뒤에 돌판 길 틈새로 스며 흐르는 빗물 같고, 밝은 달이 비추는 텅 빈 연못과도 같다. 편안함은 그 자체가 편안함의 원인이자 결과이기에, 편안함이 곧 편안함이니, 이것이 바로 큰 편안함이다.

광저우인은 분주히 새벽시장을 드나들며 맑은 마음을 기르고 유유한 편안함을 체험한다. 이는 큰 행운이다. 하늘은 광저우인을 유난히 아껴서 그들에게 이런 편안함을 준 것인가? 광저우인이 투표로 도시의 구호를 선정한다면, 아마도 그들은 이런 구호에 공감할 것이다.

"편안함이 아니면 죽음을!"

29 먹을거리는 광저우에 있다

누구나 광저우인은 먹을 줄 안다고 말하는데, 틀림없는 말이다. 중국 곳곳을 다녀보면, "먹을거리는 광저우에 있다."(食在廣州)는 말이 객관적으로 틀림없음을 인정하게 된다. 중국의 4대 요리는 나름의 특색이 있지만, 그래도 월채(粵菜:광둥요리)가 가장 낫다고 생각하는 사람이 많다. 그런데 "먹을거리는 광저우에 있다."는 것은 월채를 다른 지방의 요리와 비교하여 나온 말이 아니라, 먹을거리를 중요하게 여기는 사고·소양·능력·행위에서 비롯된 말이다. 즉 광저우인은 먹기를 좋아하고, 먹는 데에 돈을 아끼지 않고, 먹을 줄 알고, 과감하게 먹는다.

먹는 것을 좋아하는 것은 사람의 천성이다. 원시시대에 인류는 생존을 위해 날 음식을 먹었고, 먹을 수만 있다면 무엇이든 먹었다. 그 당시에 먹기를 좋아한다는 것은 순전히 배를 채우기 위한 것이었다. 차츰 문명화되면서 먹을거리가 다양해졌고, 호화스러운 생활방식이 생기면서 먹는 것도 배를 채우기 위한 것과 입을 즐겁게 하는 것으로 나뉘면서, 비로소 진정한 의미에서 맛있는 음식을 즐기는 식도락이 생겨났다.

식도락은 배고픔을 해결하려는 것이 아니라 향유와 감상의 문제다. 식도락은 미각·후각·시각상의 탐욕이다. 식도락이 인간의 천성인지는 입증이 필요하지만, 광저우인의 천성이라고 말한다면 문제가 되지 않을 것이다. 광저우의 무수한 차루茶樓·반점飯店·주가(酒家:술집이나 음식점)·대배당(大排檔:간이음식점)·소흘점(小吃店:간이식당)은 사람들로 북적대며 불야성을 이룬다. 누가 보더라도 광저우인은 정말로 먹는 것을 좋아한다고 생각할 것이다.

먹는 것을 좋아한다면 돈에 인색하지 않아야 한다. 광저우인은 먹는 것에 돈을 아끼지 않는 것을 일러 '긍흘肯吃'이라고 한다. 광저우인의 음식비 지출은 내지內地 사람과는 차이가 크다. 통계에 따르면, 전국 9대 도시 가운데 광저우인이 평균 식비가 가장 으뜸이던 적이 있었다. 어떤 외지인은 광저우인은 돈이 많기 때문에 기꺼이 식비를 지출하는 것이라고 생각한다. 부자는 부자의 먹는 방법이 있고 가난뱅이는 가난뱅이의 먹는 방법이 있다. 따라서 광저우인이 먹는 데는 정말로 돈을 아끼지 않는지 알고 싶다면, 평범한 서민의 경우를 살펴보아야 한다. 그들은 수입은 미미하지만, 자신의 배를 푸대접하지 않으려고 최선을 다한다. 광저우인은 외모를 치장하는 데 돈을 아끼는 것을 '인색하다'고 말하지는 않지만, 먹는 데에 돈을 아낀다면 분명히 '인색하다'고 말할 것이다.

'먹을 줄 안다'(會吃)는 것을 광저우에서는 '식식識食'이라고 한다. 이 말에는 '맛을 알고' 또 '만들 줄 안다'는 두 가지 의미가 들어 있다. 다시 말해서 미식가와 훌륭한 요리사가 합쳐져야 '식식'이라고 할 수 있는 것이다. '식'이라는 글자에는 천문天文과 지리地理가 모두 들어 있다. 예를 들면 날씨에 따라 무엇을 먹어야 좋은지 알아야 한다. 민물생선도 "겨울에는 드렁허리, 봄에는 방어, 가을에는 잉어, 여름에는 삼리어三鯉魚"하는 식이다. 즉 겨울에는 시루에 찐 드렁허리가 좋고, 봄에는 양념하지 않은 방어백숙찜이 좋고, 가을에는 생강과 파를 넣어 고은 잉어를 먹고, 여름에는 시원한 오이를 버무린 삼리어가 좋다는 식이다. 또 어디에 가면 무엇을 먹는 게 좋은지도 소홀히 여기지 않는다. 광저우인은 산지에 가면 산에서 나는 것을 먹고 바닷가에 가면 해산물을 먹는다. 예를 들면 칭위안淸遠에 가면 닭을 먹고, 스치石岐에 가면 어린 비둘기를 먹고, 자포閘坡에 가면 해산물을 먹는 식이다. 미식가가 먹을거리에 대해 말하는 것을 들어보면, 음식문화백과사전을 펼쳐놓은 것처럼 그 내용이 엄청나다.

'먹을 줄 아는' 재주는 심지어 존경의 대상이 되기도 한다. 적어도 그렇게 말할 수 있다. 예를 들어, A가 자신은 만들 줄은 모르고 "그저 먹을 줄만 안다."고 말하자, B가 "먹을 줄 안다는 것은 대단한 것이다."라고 대답한다면, 이는 마치 인사치레의 말투처럼 들리지만, 사실은 먹을 줄 아는 재주를 확신하는 의미다.

그런데 세상에는 보기에는 혐오스럽고 만들기에는 성가시고 먹기에는 맛이 좋지 않은 것도 많다. 그래서 심지어 이런 것을 먹을 수 있을까 하는 의문이 들기도 한다. 광저우인은 술자리에서 음식을 주문할 적에 함께 한 북방인에게 어떤 것들을 먹을 수 있는지 하나하나 물어본다. 이것은 절대로 대충대충해서는 안 되는 일이다. 뱀·고양이·천산갑穿山甲 따위를 먹는 것은 서양인들에게는 불가사의한 일이었다. 한번은 영국에서 식사를 하다가 중국인이 뱀을 어떻게 먹는지 말해 주었더니, 영국인들은 연신 "No! No!"하고 소리쳤다. 하지만 광저우인의 먹을거리는 끝이 없다. 뱀이나 고양이 따위는 평범한 메뉴가 된 지 오래이고, 쥐·전갈·개미·쌀벌레·매미·물방개·누에 번데기 따위도 먹는다. 누군가의 말처럼, 광저우인은 하늘에서는 비행기, 땅에서는 네 발 달린 가구를 빼고는 무엇이든지 다 먹는다. 위에 나열한 것들을 영어식 메뉴로 옮긴다면, 아마도 서양인들은 놀라 나자빠질 것이다. 식재료의 종류가 다양한 것 이외에도 광저우인은 날 음식과 찬 음식을 즐겨먹는데, 이 또한 많은 사람들을 당황하게 만든다. 바닷가재·홍새우·연어·생굴 따위는 모두 날로도 먹는데, 마치 불을 사용할 줄 모르는 원시인이 사냥한 짐승을 날로 먹던 수렵 시대로 되돌아간 느낌이 든다. 하지만 광저우인이 진귀한 먹을거리만을 추구한다고 말하는 것은 잘못이다. 야채를 예로 들어보자. 광저우인은 야채를 아주 즐겨 먹는다. 고급호텔의 레스토랑에서 거리의 간이음식점까지, 사시사철 신선한 야채가 빠지지 않는다. 광저우인은 외지에 가면 광둥식 유채油菜볶음을 먹을 수 없는 것을 가장 안타까워한다.

신선한 해산물을 즐기고 진귀한 음식재료가 많다는 것 이외에도 광저우 음식문화가 지닌 특징의 하나는 식재료는 평범하지만 기풍이 독특한 음식이 많다는 점이다. 예를 들면 조차早茶에 곁들이는 다양한 간식거리를 비롯하여 죽·디저트·훈제 육류·수육·시절음식은 그 종류가 놀라울 정도로 다양하다. 죽을 예로 들면, 가장 기본적인 백죽(白粥:흰죽) 이외에 육편죽肉片粥·우육죽牛肉粥·어편죽魚片粥·어남죽魚腩粥·어용죽魚蓉粥·상집죽上什粥·피단수육죽皮蛋瘦肉粥·저간죽猪肝粥·저홍죽猪紅粥·저골죽猪骨粥·급제죽及第粥·정자죽艇仔粥·계죽鷄粥·전계죽田鷄粥·시어화생죽柴魚花生粥 등 다양할 뿐 아니라 나름의 풍미가 있다. 이들 가운데 어떤 것은 각별한 느낌을 주기도 한다. 정자죽은 광저우 서쪽 교외의 리즈만荔枝灣에서 처음 나온 것이다. 6월이면 10리에 걸쳐 홍운紅雲이 피어나는 리즈만의 '여지어창荔枝漁唱'은 지난날 양성팔경羊城八景의 하나로, 문인들이 즐겨 찾아 시를 지으며 피서를 하던 곳이다. 당시 리즈만에는 작은 배들이 분주히 오가며 피서객들에게 죽을 팔았다. 싱싱한 새우와 얇게 저민 생선을 넣고 보글보글 끓인 죽에 생강채와 다진 파를 얹어 먹었고, 나중에는 볶은 땅콩·더껑이 채·계란 채 따위의 부재료를 넣기도 했다. 배에서 파는 죽이 인기를 끌자 시내 음식점에서도 '정자죽'이라는 메뉴를 내놓았고, 이제는 고급 호텔 레스토랑에서도 한 자리를 차지하고 있다. 물론 지난날 저녁나절 고깃배에서 부르던 노랫가락은 사라졌지만 말이다.

개혁개방 이후로 광저우의 음식문화는 많은 변화를 겪었다. 가장 큰 특징은 더 이상 광둥스타일에만 구애되지 않고 다양한 것을 받아들인다는 점이다. 쓰촨음식·후난음식·베이징음식·둥베이음식은 물론, 서양음식·동남아음식·일본음식·한국 불고기 등이 들어와 광둥음식과 자웅을 겨룬다. 겉보기에는 광둥음식이 도전에 맞닥뜨린 것 같지만, 사실 광둥음식에게는 새로운 도약의 기회이며, 광저우인에게는 더욱 다양한 먹을거리를 즐길 수 있는 복인 셈이다.

"먹을거리는 광저우에 있다."는데, 지금은 광저우 음식을 전국 각지에서 쉽게 찾아볼 수 있다. 크고 작은 도시에 광둥요리를 먹을 수 있는 전문식당이 생기고, 가는 곳마다에서 '신선한 해산물'이니 '광저우 유명 요리사'라고 써붙여 놓은 것을 볼 수 있다. 정저우鄭州 변화가에 있는 많은 식당은 이름에서 광저우의 분위기가 흐른다. 나는 티베트 라사에서 광둥음식을 먹으면서 약간은 묘한 기분이 들었다.

'마이단埋單'이나 '다디打的' 같은 말과 함께 광둥음식이 전국으로 퍼져나가는 것에 대해 많은 광둥인은 자부심을 느끼지만, 나는 그런 느낌은 갖고 있지 않다. 타지에 나가 생활할 적에 광둥식 유채볶음이 먹고 싶어도 맛이 다른데다 값도 터무니없이 비싸서, 그럴 적이면 광저우로 돌아오고픈 마음이 간절했기 때문이다.

30. 먹을거리는 설날에 있다

"중국인은 광저우에서 먹고, 광저우인은 설날에 먹는다."고 말한다. 이 말은 사실이다. 설날이 되면 광저우인은 그야말로 걸신이 된다. 엄청나게 먹고, 또 특별하게 먹는다. 한 해의 식사 가운데 최고 수준으로 먹는다. 설날이 되면, 광저우의 신문과 잡지에서는 시민들에게 폭음과 폭식을 주의하라고 당부한다. 마치 학창시절에 방학을 할 적이면 늘 안전에 유의하라고 당부하던 것처럼 말이다.

식료품 공급이 충분하지 못하던 개혁개방 이전에는, 설날이 다가오면 일인당 기름 250ml와 계란 한 근이 지급되었고, 또 가구당 닭 한 마리가 지급되었다. 그 시절에는 진정한 먹을거리가 설날에 있었기 때문에 아이들은 유난히도 설날을 기다렸다. 이제 광저우인은 그런 날은 잊은 지 오래되었고, 먹고 싶은 것은 아무 때나 먹을 수 있게 되었다. 그러니 설날이 되어야만 먹을 복을 누릴 수 있는 것은 아니지만, 먹을거리는 설날에 있다는 말은 아직도 변함이 없다. 설날이 되면 시절음식으로 닭고기·오리고기·거위고기·돼지고기·쇠고기·양고기·개고기에 생선·새우·게 등 해산물 그리고 겨울 표고버섯·발채髮菜[59]·말린 굴·고양이·뱀·거북·토끼·유각油角[60]·전퇴煎堆[61]·설떡·무떡·마제고馬蹄餻[62]·우두고芋頭餻[63]·하년당과賀年糖果 등을 먹는다. 오랫동안 내려온 광저우인의 연

59) 칭하이성과 간쑤성 등 사막지대의 척박한 땅에서 많이 생산되는, 조류식물의 일종.
60) 소를 넣고 빚어서 기름에 튀겨낸 만두 모양의 간식거리.
61) 찹쌀가루를 둥글게 빚어 기름에 튀겨낸 도넛의 일종.
62) 올방개 가루를 설탕물에 반죽해 만든 일종의 떡.
63) 토란으로 만든 떡의 일종.

중 식품이 설날에 모두 준비되기 때문에 설날 기간에는 먹고 싶은 것이면 무엇이든 구할 수 있다.

광저우의 먹을거리가 다양하기는 세계적으로 손꼽힌대도 과장이 아니다. 외국에 거주하다 휴가차 광저우에 온 몇몇 친구를 만났더니, 모두들 다른 도시에서는 광저우에서처럼 다양한 먹을거리를 상상조차 할 수 없다며 감개무량해했다. 나는 그 말이 사실이라고 생각한다. 그렇다면 어째서 이토록 다양한 먹을거리가 존재하는 것일까? 예전 표현을 빌리자면, 생산력이 제고되고 인민들의 생활수준이 제고되었기 때문이다. 하지만 이것이 진짜 이유는 아니다. 개혁개방 이후에 중국의 다른 도시에서는 왜 광저우처럼 다양한 먹을거리가 생기지 않았을까? 진짜 이유는 간단하다. 광저우인이 확실히 먹는 것을 즐기기 때문이다.

설날음식은 평상시의 먹을거리와는 전혀 다른 문화적 의미를 갖는다. 이것이 "먹을거리는 설날에 있다."고 말하는 가장 중요한 이유다. 설날에 먹는 음식은 길상吉祥을 먹고, 기쁨을 먹고, 여의如意를 먹고, 발재發財를 먹고, 평안을 먹고, 부귀를 먹고, 단란함을 먹고, 행운을 먹는 것이다. 따라서 먹는 것과 먹지 않는 것은 한 해 동안의 운세나 소망에 관계되므로 가볍게 여길 수 없다. 이는 광저우인만의 특별한 미신은 아니다. 광저우인이 살아가면서 갖는 절실한 마음이고, 미래에 대한 경건한 동경이며, 인간의 운명에 대한 집요한 집착이다. 음식 하나하나에 붙인 이름을 보면, 광저우인은 먹는 데에 천부적 재능을 지녔을 뿐 아니라 음식에 이름을 붙이는 재능도 천부적이라는 사실에 감탄하지 않을 수 없다.―누가 광저우인이 아이를 낳을 줄만 알고 이름은 지을 줄 모른다고 말했던가?―

예를 들어보자. '합가경단원合家慶團圓'[64)]에서 "온가족이 함께 모인다."는 의미인 '단원'은 '저원제육猪圓蹄肉'의 해음諧音이다. 요리법은 복잡하지 않다. 좋은 돼지 족발을 끓는 물에 담았다가 식혀서 간장을 고루 바르고 뚝배기에 넣어 약한 불에 볶다가 약간의 물과 전분을 넣어 걸쭉하게 끓여낸다. 여기에 깨끗이 씻어 데친 상추 서너 장을 족발 주위에 장식하면 된다.

또 '호시발재好市發財'[65)]에서 '호시'는 '자시(蚝豉 : 말린 굴)'의 해음이고, '발재'는 두말할 것도 없이 '발채髮菜'의 해음諧音으로, 장사를 하는 광저우인이라면 반드시 먹는다. '호시발재'에는 상추[66)]·동고冬菇[67)]·생강·파·마늘 등 많은 부재료가 들어간다.

동짓달 그믐날 밤에 먹는 단년반團年飯과 정월 초이튿날에 먹는 개년반開年飯에는 생선이 빠져서는 아니 된다.[68)] '연년유여年年有餘'의 의미가 있기 때문이다. 또 저수(猪手 : 돼지족발)는 돈을 번다는 의미고, 자시저리탕蚝豉猪𠴱湯[69)]은 경사와 큰 이익이 있을 조짐이라는 식이다. 다루(茶樓 : 광둥식 찻집)나 음식점에 가서 설날 메뉴판을 뒤적여보면, '생재현귀계生財顯貴鷄'·'만당금전滿堂金錢'·'재원대광진財源大廣進' 같은 메뉴가 눈에 띌 것이다. 따라서 광저우인의 먹을거리는 설날에 있다는 말은 사고에 중점을 둔 말이라고 한다.

마구 먹고 마시고, 특히 기름에 튀긴 음식을 많이 먹기 때문에, 뱃속

64) "온가족이 함께 모여 단란한 시간을 보내는 것을 축하한다."는 의미.
65) "시장에서 장사가 잘되어 돈을 번다."는 의미다.
66) 상추를 뜻하는 중국어의 '성차이(生菜)'는 발음이 "돈을 번다."는 의미의 '성차이(生財)'와 같다.
67) 겨울 표고로, 동전을 닮았다.
68) 생선을 뜻하는 한자인 '위(魚)'는 발음이 '여유'를 뜻하는 '위(餘)'와 같다.
69) 돼지의 혀를 넣고 끓인 탕.

은 편하지 못하다. 그래서 광저우인은 설날 전후로 시원한 차를 자주 마시거나 상추로 죽을 쑤어 먹어서 체열을 낮춘다.

예전에는 단년반은 반드시 집에서 먹었다. 경제적 이유가 가장 컸고, 또 연야반을 먹기에 앞서 먼저 조상과 신에게 새해인사를 올렸기 때문이다. 지금은 이런 문제를 따지지 않기 때문에 다루나 음식점에서 연야반을 먹는 것이 일반화되었다. 음식점에서도 이것이 장사가 된다는 사실을 간파하여 각종 음료와 선물을 제공하여 손님을 끈다. 이 또한 광저우인은 먹을거리가 설날에 있다는 것을 보여주는 사례다.

소화에 대한 부담을 제외하고, 나는 무엇이든 먹고 마시는 광저우인의 설날 분위기를 좋아한다. 그것은 결코 막을 수 없는 유쾌한 시간이다.

31 광저우인은 해산물을 어떻게 먹는가?

남에게 요리를 가르칠 수 준은 아니지만, 해산물을 먹는 광저우인의 모습에서 광저우인의 남다른 음식문화를 살펴보고자 한다.

광저우는 도처에 '해산물 음식점'이 있다. '해산물 음식점'은 해산물만 팔고 육류 등은 팔지 않는다는 의미는 아니다. 다만 싱싱한 해산물이 제공된다는 의미에서 그렇게 말한 것이다. 특급 호텔 레스토랑에서부터 거리의 간이음식점에 이르기까지, 광저우의 음식점 가운데 싱싱한 해산물을 취급하지 않는 곳은 찾아보기 어렵다.

음식점 가운데는 해양공원의 수족관을 옮겨놓은 것처럼 꾸며놓은 곳이 많다. 거대한 수조에는 크고 작은 새우와 물고기가 헤엄치고, 바다에 놓인 수조에는 각종 어패류가 담겨 있다. 고객은 직접 골라 무게를 달고 값을 치른 다음, 자신이 좋아하는 부재료와 조리 방법을 종업원에게 일러주면, 종업원은 그것을 받아 적은 쪽지와 함께 음식재료를 주방으로 보낸다. 직접 물고기와 새우를 고르고, 어떤 부재료를 넣을지, 요리는 어떻게 할지를 의논하는 것은 사실 먹는 것 이상으로 재미있는 일이다. 또 무게를 잴 때는 혹시 속이지 않을까 염려하여 유심히 살피기도 한다. 심지어 자신이 고른 바닷가재가 주방에서 뒤바뀌지 않을까 염려하여, 그 비싼 몸뚱이에 미리 표시를 해두고, 나중에 식탁에서 다시 만나면, 자신이 고른 것이 맞는지 확인하기도 한다.

이렇게 하려면 새우와 게의 성별을 가리고 조개의 생사를 판별할 수 있는 지식과 안목이 필요하다. 때문에 이것은 진정한 식객이 자신을 과시

할 수 있는 기회가 된다. 사람들은 해산물을 건져 올리면서 이야기꽃을 피우고, 종업원에게 이런저런 주문을 하고, 또 망설이는 식객에게 조언을 하기도 한다.

흥겨운 어른들과 재잘거리는 아이들 속에는 또 다른 즐거움이 펼쳐지는데, 바로 즉석요리가 그것이다. 수족관에서 나와 땅바닥에 팽개쳐진 물고기와 바닷가재는 종업원에게 붙들려 파닥대다가 모가지를 내밀고 죽음을 받아들인다. 칼날이 번뜩이며 껍질을 벗기면 비린내가 코를 찌른다.─ 찜통에서는 줄머리사향삵·청둥오리·죽사계竹絲鷄가 익어간다.─ 이런 광경은 식탁에서 젓가락을 들기 이전의 과정에 있어서 클라이맥스로, 처음 보는 외지인은 흥분을 감추기 어렵다. 이처럼 먹는 것이 전부가 아니기 때문에, 혹자는 해산물만 먹는 것이 아니라 분위기를 먹고 미식가의 영광을 먹는다고 말한다.

그런데 이런 방식에는 제한이 따른다. 한 음식점에서 한 가지 음식만 먹을 수 있기 때문이다. 만약 바닷가재를 먹는다면, 노서반(老鼠斑:농어류의 고급 생선)이나 참게는 먹을 수 없다. 광저우인은 기발한 방법을 만들어 이런 한계를 없앴다.

1994년 7월에 개장한 황사수산물시장은 2만 5천m²의 면적에 3개의 도로를 따라 280개의 점포가 들어섰는데, 하루 수백 트럭분의 해산물이 거래되었다. 또 해산물 전문식당 여덟 곳이 문을 열었는데, 수요에 따라 새로운 경영방식을 도입했다.

일단 음식점을 골라 자리를 잡고나서, 280개에 이르는 수산물 가게를 돌며 먹을 것을 구입한다. 종래 한 음식점에서 고르던 것에 비하면 그야말로 드넓은 천지인 셈이다. 시장의 열기와 알찬 실속에 마음이 흥분된다. 원하는 것을 구입하면 미리 잡아놓은 음식점으로 돌아가 요리를 주문한다. 구이는 근당 얼마, 볶은 산초와 소금을 치면 근당 얼마, 연어를 회를 치면 근당 얼마 하는 식이다.

광저우인이 해산물을 즐기는 것은 분위기를 먹고, 기세를 먹고, 정신을 먹고, 수산업과 요식업을 먹는 것이다. 주강 양편 기슭에는 온갖 해산물을 파는 선상음식점이 있고, 거리와 골목에서는 간이식당들이 기발한 방법으로 손님들을 끌어들인다. 자동차를 타고 가서 먹기도 하고, 오토바이를 타고 가서 먹기도 하고, 친구를 초대하여 가서 먹기도 하고, 자녀들을 데리고 가서 먹기도 한다. 요컨대 가서 먹는다! 가서 먹는 것이다!

해산물을 먹으려면 평범한 가정식보다 돈은 들지만 그렇다고 많은 돈이 드는 것은 아니다. 광저우인은 먹는 것을 좋아하지만 많은 돈을 어설프게 쓰지는 않는다. 돈이 많더라도 바가지 쓰는 것을 좋아할 사람은 없는 법이다. 세간에는 광저우인이 먹는 것을 놓고 베이징인과 부유함을 다툰다느니, 생선 한 마리를 먹기 위해서 거금을 주고 프랑스에서 사들여온다느니 하는 식의 이야기가 전하지만, 그런 이야기는 사실이 아닐 것이다. 설령 사실이더라도 그것이 근본적인 무언가를 설명하지는 못한다. 돈을 펑펑 쓰는 사람은 어디에나 있게 마련이고, 북방의 부자들 가운데는 더 흔하다. 광저우인은 해산물을 즐겁고 실속 있게 먹으려고 한다. 근래에는 그런 분위기가 더욱 뚜렷해져서, 손님들이 줄을 서는 해산물 음식점은 규모는 크지만 인테리어는 평범하고 값도 저렴하다. 그런 음식점을 찾아서 해산물을 즐기는 사람들은 대부분 봉급생활자들로 온가족이 함께 외식을 하더라도 부담은 그리 크지 않다. 또 많은 음식점에서 선보인 셀프식 해산물 샤브샤브는 해산물의 종류와 등급은 제한되지만, 부담 없는 가격으로 마음껏 즐길 수 있어서 선풍적 인기를 끈다.

1970년대부터 주강에서 첫선을 보인 선상식당은 광저우인에게 큰 인기를 누린다. 석양 무렵에 아름다운 강물을 마주하고 앉아 저녁 미풍을 맞으며 제대로 된 맛을 즐길 수 있다. 주강삼각주 일대에는 그물처럼 얽힌 지류를 끼고 수많은 해산물 음식점이 성업 중이다. 어떤 음식점은 대나무집을 짓고 파초와 뽕나무를 둘러 심고 작은 나무다리를 만들었는데, 다리를 건너 숲속 음식점에 들어서면, 마치 전원에 들어선 것 같은 분위기가 느껴진다.

해산물 음식점의 수족관과 식탁에서 가장 심미적 가치가 높은 것은 바닷가재일 것이다. 바닷가재의 모습과 그것이 갖는 인문적 의미와 역사적 의미는 술이 얼근해지면 낮은 목소리로 칭송할 만하다. 광저우인은 바닷가재를 즐겨 먹지만, 여기서도 '영웅의 출처는 묻지 않기에', 크기만 하다면, 호주산 바닷가재도 상관하지 않는다. 미식가의 인문적 관심은 요리사의 솜씨에 달려 있다.

바닷가재는 해저에 사는 발이 열 개 달린 갑각류로 지금 해산물 음식점의 수족관에서 볼 수 있는 것은 대부분 진짜 바닷가재가 아니다. 진짜는 크고 단단한 두 개의 앞다리가 있으며 한쪽이 약간 크다. 그런데 가짜는 진용하眞龍蝦니 자용하刺龍蝦니 하는 더 그럴듯한 이름을 가지고 있어서, 사람을 헷갈리게 만든다. 수족관에서 흔히 볼 수 있는 것은 커다란 앞발이 없고, 있더라도 작아서 진용하로 보인다. 진용하는 오리지널 바닷가재는 아니다. 진짜는 머리가 크고, 등이 불룩하고, 다리가 튼실한데, 광저우인은 크고 기세가 좋아서 위풍당당하다고 생각할 것이다.

바닷가재는 해저에 서식하는데, 체형이 큰 해양 갑각류와 마찬가지로, 게걸음으로 움직인다. 물론 수영에도 능숙하고, 또 뒷걸음도 칠 줄 안다. 어릴 때는 나뭇잎 모양으로, 물살을 따라 떠다니다가, 껍질이 한 차례 벗겨질 적마다 몸집이 자라고 다시 새 껍질이 생긴다. 껍질이 네 번 정도 벗겨지면 성체가 되는데, 그러면 더 이상 물 위에 떠다니지 않고 해저로 내려가 기어다닌다. 지금까지 알려진 가장 큰 바닷가재는 미국 해안에서 잡힌 것으로, 무게가 9.75kg에 길이는 1.22m에 이른다.

고대 그리스 철학자 아리스토텔레스의 「동물지」에 바닷가재에 대한 기록이 나온다는 사실은 감동적이다. 또 프랑스 작가 빅토르 위고는 바닷가재를 일러 '바다 속의 홍의紅衣 주교主敎'라고 해학적으로 표현했다. 또 17세기에 영국에서는 군부대를 '바닷가재 군단'이라고 부르기도 했다. 주교와 군인이 모두 붉은 옷을 입어서 붉은 빛깔의 바닷가재와 닮았기 때문이었을까? 광저우인이 바닷가재를 먹은 유래는 깊다. 또한 그들은 식탁 이외의 맛을 먹어 왔다.

32 집안을 꾸미는 사람들

한 지역 사람이 어떤 취향을 가졌는지는 거리의 점포에서 대략을 짐작할 수 있다. 예전에 홍콩으로 여행간 광저우인은 홍콩에는 은행이 쌀가게보다 많다는 사실을 발견했는데, 그 후 광저우에도 은행이 쌀가게보다 많아졌다. 지금 세심하게 살펴보면, 광저우에는 인테리어 자재점이 쌀가게보다 많다는 뜻밖의 사실을 발견하게 될 것이다.

지금은 광저우에서 쌀가게 숫자를 기준으로 다른 업종의 점포수가 많다거나 적다거나 비교하지는 않는다. 식량의 정량 공급이 폐지되면서부터, 쌀가게를 기준으로 한 통계는 그다지 과학적이지 않게 되었기 때문이다. 광저우인이 쌀자루를 들고 쌀을 사러가는 경우는 보기 어려워졌고, 태국산·호주산·광둥산 쌀이 진공포장에 담겨 슈퍼마켓 진열대에 올라간 지는 오래되었다. 그럼에도 여전히 쌀가게를 비교의 기준으로 삼는 것은 관습화된 이미지의 논법일 뿐이다.

실질적인 비교는 광저우에는 인테리어 자재점이 국내 여느 도시보다 많고, 경영의 규모와 품종의 다양성 또한 첫손가락에 꼽힌다는 사실이다. 광저우인은 자기 집을 꾸미기 좋아하고, 갈수록 그런 인테리어족이 늘어난다는 것은 부정할 수 없는 사실이다.[70]

예전에는 집은 거주할 수 있으면 그만이었지 실내를 꾸미는 것은 애당초 관심거리가 아니었다. 실내장식은 여유 있는 사람의 전유물처럼 여겨졌던 것이다. 하지만 이런 생각은

---

[70] 중국에서는 아파트를 분양할 적에 인테리어는 하지 않은 채로 공급되므로, 입주자가 개인 취향에 따라 내부를 꾸미는 것이 일반적이다.

주택제도의 개혁과 상품방(商品房 : 매매가 가능한 개인소유 주택)의 빠른 발전에 따라 차츰 바뀌었다. 진정한 자기 소유의 집이 생기자 그것을 대하는 태도도 달라진 것이다. 자기 것이므로 더 쾌적하고 더 아름답게 꾸미려 하지 않겠는가?

실내를 꾸미려면 많은 비용이 들어가지만 광저우인은 기꺼이 그런 비용을 부담한다. 6, 70m²의 집을 최소한으로 꾸미더라도 비용은 만만치 않다. 최소한이라는 말은 방범창과 보안용 덧문을 달고, 저렴한 화강석으로 바닥을 깔고, 전기선을 보이지 않게 집어넣고, 벽면을 칠하고, 화장실 변기와 세면기는 가장 저렴한 것으로 선택한다는 의미다. 광저우의 샐러리맨이라면 대부분 이 정도 인테리어는 감당할 경제적 능력이 되지만, 이런 인테리어가 영구적이지 않다는 사실은 잘 알고 있다. 단지 분명한 것은 경제적 여건이 되면, 그때 가서 다시 꾸밀 것이라는 사실이다.

근사하게 꾸미려면 훨씬 많은 비용이 든다. 천장재는 중요한 것은 일부 수입품을 써야 하고, 바닥재도 고급품을 사용한다. 따라서 조금 품격 있게 꾸미려면 상당한 비용이 들어간다. 그런데 사실 인테리어 비용보다도 가구나 가전제품에 더 많은 비용이 들어간다. 현재 광저우의 가정에는 에어컨을 두 세 대씩 설치한 경우가 많고, 가구는 유행 주기가 빨라서 제법 고가의 소파세트도 만족스러워하지 못하는 경우가 흔하다. 조명기구는 인테리어에 있어서 중요한 것으로, 수십 개의 전등을 달지 않고는 분위기를 내기 어렵다. 이처럼 쾌적한 주거환경을 만들기 위한 광저우인의 작업 지표는 결코 낮지 않다.

이런 시장이 있기 때문에 광저우 인력시장에는 많은 인테리어 노동자가 있다. 그들 가운데 최하등급은 맹목적으로 광저우에 흘러든 사람들로, '타일 설치, 욕조 설치' 같은 글귀를 적은 작은 팻말을 앞에 놓고 거리에 쭈그리고 앉아서 일거리를 찾는다. 이런 인부들은 고용하기 쉽고 인건비도 저렴하지만, 공구가 부실하고 기술이 형편없는 경우가 많아서 안심하고 일을 맡기기에는 꺼림칙하다. 제대로 인테리어를 하려는 광저우인이라면 이런 날품팔이는 고용하지 않으며, 사소한 보수공사나 소규모 작업의 경우에만 이들을 고용한다.

믿을 만한 인테리어공사 인부는 대개 새로 조성된 주택단지에서 찾는다. 숙련공들은 건물이 신축되고 나면 새로운 고용주에게 고용되어 일감이 끊이지 않는다. 그런데 일부 작업반장은 더 많은 일감을 맡으려고, 한 집의 공사가 미처 끝나기도 전에 다른 집 공사를 시작하는 바람에 앞서 하던 공사가 늦어지는 경우가 종종 벌어진다. 신문지상에 보도되는 인테리어공사 관련 고발기사는 상당수가 이런 경우다.

최고급 공사의 경우는 설계와 시공 일체를 전문 인테리어업체에 맡긴다. 이런 업체는 노하우가 있고, 시공능력이 뛰어나고, 공사기간이 짧을 뿐 아니라, 여러 가지 인테리어 시안을 제시하여 선택하게 한다. 이들 업체에 인테리어를 맡기는 것이 가장 믿을 만하지만, 문제는 높은 비용이다. 평범한 샐러리맨으로서는 감당하기 어려운 정도다. 예전에 새집으로 이사를 할 때, 내가 근무하는 대학의 누군가가 일괄공사 방안을 제안했다. 일정한 금액을 내면 천장과 바닥 공사는 물론 조명·가구·가전제품까지 모두 포함되므로 들어가서 살기만 하면 된다는 것이었다. 하지만 따져보니, 직접 구상하고 분야별로 나누어 인부를 구해 공사를 하는 것보다 훨씬 비용이 많이 들었고, 또 자신이 직접 참여하는 즐거움이나 경험도 누릴 수 없었다.

지금 실내인테리어에 대한 광저우인의 관심은 모든 분야에 걸쳐 있다. 거실은 원래 중요하고, 주방이나 화장실도 가볍게 넘기지 않는다. 주방은 거실과 인테리어 수준이 비슷하고, 화장실은 호텔 화장실에 견주어질 정도다. 실내인테리어에 대한 인식 변화는 상업적 장소나 공공장소의 인테리어에서 영향을 받은 것으로, 인테리어 자재나 기법 등을 모두 벤치마킹한다.

예전에는 광저우인은 먹는 것이나 생각하지 입는 것은 상관하지 않는다고 생각했다. 하지만 지금은 광저우인은 많이 먹고 잘 먹는 것 이외에도 쾌적하고 근사한 주거 환경, 실속 있고 편리한 차림새를 원한다. 실내인테리어를 할 줄 아는 광저우인은 이제 생활할 줄 알게 된 것이다.

33 방범망

전국 여러 도시를 다녀 보았지만 광저우처럼 방범망이 보편적으로 설치된 경우는 보지 못했다.

광저우의 방범망은 세계 도시문화에서 기이한 광경으로, 기네스북감이라고 할 것이다. 광저우는 외부세계에 대해서는 경계심을 갖지 않지만 내부에 대해서는 오히려 철옹성에 가깝다. 주택을 다 짓기 무섭게 용접불꽃이 튀는데, 방범망은 광저우인이 직접 만드는 첫 번째 작업인 셈이다.

방범망은 광저우인의 자기 방어적 성격과 기능을 지닌 것이지만, 방범망이 갖는 심리적 의미는 공격성으로, 험한 세상 속에 나부끼는 쇠로 만든 깃발과도 같다. 광저우인은 방범망을 통하여 생존공간을 한 치라도 더 차지하기 위한 강철 같은 의지와 세심한 주의력을 드러낸다. 방범망은 광저우인의 생존심리를 가장 잘 보여주는 것으로, 훗날 현대 광저우 문화사를 기술할 적에 분명 한 자리를 차지할 것이다. 이것이 빠진다면 그것은 불충분한 문화사가 될 것이다.

광저우인이 설치하는 방범망은 창틀에 철근이나 철망을 덧대는 기존 방식과는 전혀 다르다. 위로 물결모양의 골이 있는 반들반들한 차양이 날개처럼 펼쳐지고, 다양한 디자인의 철근콘크리트 벽면이 우뚝함을 내보인다. 그리고 바깥으로 허공을 향한 면은 방범망에서 가장 중심이 되는 부분으로, 공격하여 빼앗은 영토이자, 좁은 거실에서 보상과 안위를 얻을 수 있는 유일한 식민지다.

집의 구조, 주인의 취향과 아이디어에 따라, 광저우인의 방범망은 몇 가지 유형이 있다.

첫째, 같은 방향의 외벽에 발코니가 두 개인 경우에 고려할 수 있는 타입이다. 두 발코니를 가로질러 그 사이에 공간을 늘린다는 점이 가장 큰 특징인데, 중간 벽면을 트면 새로 생긴 공간이 기존의 영역과 합쳐져 몇 평방미터를 확장하는 효과가 있다. 광저우에서 개인적으로 거래하는 상품방의 경우, 이처럼 확장한 것은 값이 제법 올라간다. 언젠가 이 공간을 큰 침대로 만든 것을 본 적이 있는데, 생활공간을 넓히는 전형적 방법이었다. 게다가 침대가 허공에 떠 있어서, 잠을 자면 마치 신선이 된 것처럼 즐거울 것이다.

둘째, 1층인 경우에 적용되는 방식으로, 방범망을 바닥에 튼튼하게 설치하고 최대한 확장하여 채광과 통풍의 불리함을 만회하는 방식이다. 대개 주택의 앞뒤로는 약간의 공터가 있게 마련인데, 그 공간을 철망으로 에워싸면, 자전거나 오토바이를 탄 채로 드나들 수 있고 또 안심하고 보관할 수 있어서 위층 주민들의 부러움을 산다. 주인은 자신이 마치 우리에 갇힌 동물과 같다는 생각을 가질 필요가 없다. 어차피 광저우는 도시 전체가 거대한 새장과 같아서 남들은 나를 보고, 나는 남을 보기 때문에, 안이든 밖이든 별반 차이가 없다.

셋째, 가장 흔한 타입으로, 독립된 발코니에 바깥쪽으로 60cm 정도 내밀어 설치하는 방식이다. 60cm는 일반적 수치이고, 길이는 1m에서 5, 60cm로 일정하지 않다. 이 새로운 영토에는 화분 · 슬리퍼 · 싱크대—만약 발코니를 주방으로 개조하였다면—· 자전거를 비롯하여, 버리자니 아깝고 두자니 쓸모없는 잡동사니들을 놓을 수 있다. 하늘이 내려준 잡동사니 선반인 셈이다.

이런 각종 방범망은 광저우 거리 어디에서나 볼 수 있는 풍경이다.

방범망은 광저우가 치안문제가 심각하다는 사실을 보여주는 상징물이자, 거주공간에 대한 광저우인의 집착이 유난히 강하다는 것을 보여주는 증표이다. 방범망은 큰 도둑에게는 그다지 쓸모가 없지만 좀도둑을 막는 데는 나름의 효과가 있다. 주거의 안전은 삶의 질과 밀접히 연관된다. 유럽의 도시에서는 광저우와 유사한 방범망을 볼 수 없다. 정원에는 담장도 없고, 목조주택에 달아놓은 유리문은 편리성만 강조한 것이라는 느낌이 들 정도다. 우리 입장에서 보면 방범에는 몹시 취약해 보인다.

심미적 관점에서 본다면, 광저우의 방범망은 정말 보기에 좋지 않다. 사방이 벽으로 둘러싸인 아파트는 마치 감옥 같은 느낌이 든다. 하지만 안전이나 생활공간에 비한다면 심미라는 것이 무슨 대수이겠는가?

방범망은 광저우에서는 부득이한 장식물인 셈이다. 보기에는 좋지 않지만 세월이 흘러도 사라지지 않을 것이다. 광저우시 당국에서 외부에 설치한 방범망을 철거하라는 행정명령을 내린 적도 있지만, 그 명령이 통할 것이라고는 시당국도 확신하지 못했다. 중국에는 법령이 있어도 다스리지 못하는 전통이 있다. 방범망은 집집마다 적지 않은 돈을 들여서 설치한 것이다. 누가 순순히 철거하려고 하겠는가? 유일한 해결책은 시당국에서 철거보조금을 지급하는 것인데, 재원이 마련된다면 가능하겠지만, 아마도 1백년쯤 뒤에나 가능할 것이다.

방범망은 불안심리가 일상화되어 있고, 생활공간이 협소하고,─이와는 달리 고급 빌라나 오피스텔은 텅텅 빈 경우가 허다하다.─ 자원을 낭비하고, 도시 미관을 해치는 것 말고 어떤 긍정적 기능이 있을까? 사회경제적 관점에서 보면, 방범망은 나름의 공로가 있다. 새로운 서비스산업의 발전과 취업의 기회를 제공하는 것이다.

우리 집에도 방범망이 달려 있다. 물론 방범망이 절도를 줄일 수 있다고 할 수 있는 분명한 근거는 없지만, 모두들 설치했는데, 나만 혼자 설치하지 않는다면 더 위험하지 않을까 하는 심리가 있다. 주변은 온통 콘크리트더미로 둘러싸였는데, 어떻게 나만 홀로 갑옷도 입지 않고 도적 앞에 나서겠는가!

34 차량행렬

광저우를 찾은 사람이면 누구나 차량의 물결과 혼잡한 교통이 눈에 들어오고, 길을 건널 때면 마음이 불안할 것이다. 외지 운전자들은 광저우에 들어서면 아예 운전할 엄두조차 내지 못한다. 세계은행의 한 고문은 광저우를 둘러보고 이곳에서 자동차를 운전하거나 오토바이나 자전거를 타는 사람은 세계 어디를 가더라도 두렵지 않을 것이라고 말했다. 광저우는 자동차와 사람의 학교이자 전쟁터이고, 배짱·지혜·운전기술을 펼치는 무대인 셈이다.

급속한 경제성장으로 중국의 대도시 가운데 교통정체가 빚어지지 않는 곳은 드물다. 베이징은 도로가 상대적으로 넓지만, 베이징에서 머무르는 동안 나는 심한 교통체증으로 고통을 겪었다. 당시 나는 우쓰대가五四大街와 런민일보人民日報 사이를 택시를 타고 다녔는데, 차가 막히지 않는 경우가 거의 없었다. 그런데 베이징과 광저우의 차량정체는 달랐다. 베이징은 앞차가 막혀서 뒤차가 멈추는 식이어서, 간선도로 주변은 그래도 어느 정도 소통이 되어서 숨이 막힐 정도는 아니었다. 당시 내 생각으로는 그것은 체증이라고 할 수도 없었다. 하지만 광저우의 차량정체는 그야말로 차량체증이다. 차도는 온통 자동차로 빼곡하게 들어차고, 약간의 틈만 있어도 밀고 들어간다. 간선도로는 물론 지선도로, 자전거도로 심지어 인도까지도 차가 지나갈 수만 있으면 어디든 막무가내로 밀어붙인다. 광저우의 차량정체는 베이징처럼 차도만 심하게 막히는 게 아니라 그 일대가 모두 막혀버린다. 병목현상이 심한 곳에서는 차량들이 서로 비집고 들어가려고 하는데, 운전솜씨가 좋고 배짱이 있어야 그나마 밀고 들어갈 수 있다. 내가 근무하는 대학교 앞은 차가 막히지 않는 날이 없는데, 오토바이 심지어 손수레까지도 인도로 올라와 행인과 길을 다투어 날마다 위험한 상황이 빚어진다.

사람도 많고 차량도 많지만 도로는 좁아서 광저우의 교통은 과부하가 걸린 지 오래다. 광저우의 운전자는 이런 환경에 익숙해서 운전솜씨와 담력이 전국적으로 널리 알려졌다. 근자에 자동차 운전을 배우는 사람이 늘어나면서 광저우는 운전하기는 더욱 힘들어지고, 이와 반대로 운전기술은 더욱 발전한다. 광저우의 열악한 교통여건에서 운전자가 길을 다투지 못한다면 핸들을 잡은 지 사흘도 못되어 스스로 운전을 포기할 것이다. 광저우에서 자동차는 자동차와 길을 다투는 것만이 아니라 오토바이·자전거·사람과도 길을 다툰다. 그러니 어떻게 단 며칠 만에 배울 수 있겠는가?

길을 다투는 데는 오토바이가 단연 뛰어나다. 광저우는 중국에서 오토바이가 가장 많은 도시일 것이다. 오토바이가 자동차보다 뛰어난 점은 유연성이다. 자동차가 길게 꼬리를 물고 있을 때, 오토바이는 마치 구멍으로 물이 흐르듯이 자동차 사이를 이리저리 빠져 나간다. 광저우인의 오토바이 솜씨는 대단하다. 오토바이와 한 몸이 되어, 틈만 있으면 민첩하고 과감하게 비집고 들어가는 것은 오래된 전통과 현대 과학기술의 완벽한 만남이라고 할 것이다.

나는 베이징에서 교통체증에 시달리면서 나의 오토바이가 간절히 생각났다. 가랑이를 벌려 양쪽 발판을 밟고 오른손으로 핸들을 돌렸다가 살짝 놓으면, 나의 애마는 갈기를 떨치고 발굽을 내딛어 먼지를 일으키며 내달린다. 베이징은 이처럼 고전과 현대를 융합한 낭만을 받아들이지 못한다. 베이징 거리에서는 오토바이를 찾아보기 어렵다. 이는 진작부터 시행한 엄격한 단속 때문이다. 광저우시 당국은 1981년에 이미 오토바이 증가를 억제하려고 하였으나, 1991년 10월이 되어서야 비로소 구체적이고 유효한 조치를 내놓았다. 당시 내린 조치는 매월 500대만 신규등록을 받는 것이었다. 하지만 지금은 돈만 있으면 언제든지 광저우 번호판을 단 고가의 오토바이를 구입할 수 있게 되었다.

광저우인의 오토바이에 대한 관용과 애정도 광저우의 교통여건 때문에 생긴 것이다. 한동안 광저우 거리에는 손님을 태워 나르는 불법 오토바이 영업이 기승을 부린 적이 있었다. 이것이 교통관리에 어려움을 가중시키자 경찰이 지속적으로 단속하였지만, 헬멧을 쓴 운전자가 대로를 따라가며 호객하는 불법영업은 도무지 근절되지 않았다. '오토바이택시'가 정식 택시보다 저렴했기 때문이 아니라 교통정체를 걱정할 필요가 없기 때문이었다. 그래서 차량이 정체되어 길게 늘어서면 택시에서 내려 도로 복판에서 오토바이택시로 옮겨 타는 승객도 있었다. 이런 일화가 전한다. 한 교통지구대 대장이 오토바이불법영업 근절대책을 논의하는 회의에 참석하고자 승용차를 타고 관할경찰국으로 향했다. 그런데 교통체증이 너무 심해 회의시간에 맞춰 갈 수가 없었다. 대장은 부득이 '오토바이택시'로 옮겨 탔고, 간신히 지각을 면했다.

광저우인은 자전거 솜씨도 세계적이다. 중국은 세계적인 자전거 왕국이다. 광저우만 하더라도 수백만 대의 자전거가 돌아다닌다. 도로가 좁고 사람이 붐비고 자동차가 많고 점포도 많은 광저우에서 자전거는 매우 실용적인 교통수단이다. 자전거도 금속으로 만든 것이지만, 인력으로 운행하기에 오토바이처럼 위험하지는 않다. 하지만 자전거도로는 비좁고 붐벼서 걸핏하면 사고가 나기 때문에 운전자의 솜씨가 특히 중요하다. 광저우에서 자전거를 타면, 인파 속으로 빨려들어 가는 것 같은 느낌이 든다. 녹색 신호등이 켜지고 자동차와 오토바이가 굉음을 울리며 출발하려는 찰나에 자전거의 행렬이 먼저 물밀듯이 나아간다. 도도하고 거센 물줄기와도 같아서, 거기에 내던져진 조약돌 같은 개인은 휩쓸려 나아가는 수밖에 없다. 자전거는 집단의 힘과 위세에 기대 자동차와 길을 다툰다. 좌우로 몇 대씩 늘어서서 바짝 붙어서 잇달아 달리면 거대한 격류가 되어 그 어떤 힘으로도 막지 못한다.

사람이 차량과 길을 다투는 것은 두려운 일이다. 이런 상황은 주로 횡단보도에서 벌어진다. 광저우의 운전자가 가장 취약한 부분도 바로 이 지점이다. 외국이나 홍콩의 경우는 횡단보도에서 차량이 행인에게 길을 양보하지만 광저우는 그렇지 않다. 길을 건너는 사람은 힘을 비축하면서 여러 사람이 모이기를 기다렸다가 밀고 나아간다. 사람이 많으면 차량은 속도를 줄일 수밖에 없다. 아이들이 등교하거나 하교할 때가 가장 위험한데, 긴장한 아이들이 차량 사이를 곡예하듯이 지나가는 모습을 보면 식은땀이 난다. 처음 광저우에 도착한 외지인이 긴장감과 두려움을 느끼는 것은 당연하다. 차량의 소음은 고막을 자극하고 심장을 벌렁거리게 만들고, 매연은 폐를 자극한다. 하지만 시간이 지나면 누구도 자동차를 두려워하지 않게 된다. 그리고 자전거든 오토바이든 자동차든, 일단 올라타면 누구나 자신이 가려는 길을 다툴 줄도 알게 된다.

35 여행을 즐기는 광저우인

중국의 도시인 가운데, 광저우인이 여행에 지출하는 비용이 가장 높다고 한다. 정말 상상 밖이다.

나는 안식년 기간에 몇몇 지역을 여행했는데, 그 가운데 많은 지역이 처음 가보는 곳이거나 이전에 가본 적이 있지만 다시 가보고 싶던 곳이었다. 티베트·신장위구르자치구·간수성 등지에 갔을 때는, 가는 곳마다 광저우인을 만났고, 그들이 큰 소리로 말하는 광저우말을 들을 수 있었다. 광저우인은 언제부터 여행을 즐기게 되었을까?

신장위구르자치구는 광저우에 있는 한 여행사를 통해 갔는데, 여행사 사장이 일정 내내 직접 우리 일행을 안내했다. 천산天山에 있는 천지天池에 도착하자 눈발이 날렸고, 여행 안내소에서는 사람들이 하산할 채비를 하고 있었다. 그 때 군용 외투를 걸치고 말을 탄 위구르족 노인이 다가오더니 대뜸 광둥어로 소리쳤다.

"말을 타겠소?"

몹시 뜻밖이었다. 그와 몇 마디를 나누고서야, 광저우에서 오는 여행객이 많아 광둥어를 배웠다는 것을 알 수 있었다.

티베트 라사에 갔을 때는 바자오가八角街에서 광저우인이 기념품 노점상과 흥정하는 광경을 수시로 볼 수 있었다. 그럴 때마다 광저우 억양이 또렷한 보통화가 유난히 귀를 자극했다.

둔황敦煌의 막고굴莫高窟에서도 광저우인을 만났다. 1980년대 중반에 처음 하서주랑河西走廊을 여행했을 때는 도처에서 홍콩인을 만나는 것이 무척 인상적이었다. 홍콩인도 광둥어를 사용하기 때문에 처음에는 그들이 광저우인인 줄 알았다. 하지만 당시만 하더라도 광저우인이 그곳까지 여행한다는 것은 현실적으로 어려웠다. 거기에는 경제적 이유 이외에도 다른 우스꽝스러운 이유가 있었다. 홍콩인말고는 일본인이 많았는데, 그들은 카메라를 목에 걸고 작은 배낭을 짊어진 당당한 모습이었다. 당시 그들은 광저우인을 보고는 뜻밖이라며 몇 마디 묻더니 "미술대학에 근무하시는군요!"라며 고개를 끄덕였다. 평범한 광저우인이 이곳을 찾아올 리가 만무하다는 것처럼 보였다.

만화가 화쥔우華君武[71]가 그린 만화가 문득 떠오른다.「광둥인 여행길에 나서다」(粤人出遊)라는 제목으로 기억되는데, 여행길에 오른 광저우인이 손에 물통을 하나씩 들고 있는 유머러스한 그림이다. 당시에는 여관 객실에 대부분 화장실이 없었기 때문에 목욕을 즐기는 광저우인으로서는 물통을 휴대하는 것이 편리하고 위생적이었다. 거리에서 주전부리를 사면 물통에 넣어두기도 했다. 지금이야 숙박업소의 시설이 개선되어 그렇게 할 필요가 전혀 없지만 말이다.

외지 관광을 가는 광저우인은 단체여행을 선호한다. 싱가포르·말레이시아·태국 등지로의 해외관광은 물론 국내관광의 경우에도 특별한 목적이 아니라면 단체관광이 가장 비용이 저렴하고 편리하다. 그런데 이런 단체관광 때문에 광저우인은 소극적이고 피동적인 여행 습관을 갖게 되었다. 어떤 관광가이드는 내게 광저우인은 차에 오르면 자고, 차에서 내리면 용변을 보고, 관광지에 도착하면 기념품 사고 사진 찍고 그런 다음에 집

---

[71] 1915~. 중국의 저명 미술가, 만화가.「런민일보」미술팀장, 문학예술부 부장, 중국미술가협회 비서장 등을 지냈다.

으로 돌아간다고 귀띔해 주었다. 이런 식의 여행은 풍경과 명승을 관광하는 것이지 힘들게 세상 견문을 넓히는 것은 아니다.

주5일 근무제가 시행된 이후로, 광저우인에게는 주말을 이용한 근교 관광이 인기를 끌게 되었다. 광저우와 광둥성의 관광업계는 이에 부응하여 근거리 주말여행 상품을 다투어 내놓았는데, 명승지는 아니더라도 쾌적한 자연환경에 훌륭한 숙박시설과 맛있는 음식이 있는 곳이―광저우인은 여행을 가서도 먹는 것을 중요하게 여긴다.― 새로운 관광코스로 개발되었다.

통계상으로 보더라도 관광이 광저우인의 생활에 필수적인 소비행태의 하나로 자리 잡은 지는 오래되었다. 특히 주말을 이용한 근거리 관광이 인기를 끌면서 중요한 여행패턴으로 자리 잡았다. 평균적인 주말관광의 사례를 살펴보자. 3인 가족이 관광호텔에서 하루를 묵으면서 세 끼 식사를 사 먹고 그중 한 끼는 정식으로 먹는다. 아이가 있으면 놀이기구 몇 가지를 태워주고, 노인을 모시고 가면 과일등속을 주전부리로 준비한다. 사진은 한두 롤 정도 찍어서 나중에 인화한다. 한두 달에 한번 정도 이런 식의 주말 가족여행은 광저우의 평균적인 샐러리맨이라면 감당할 수 있는 정도다.

근거리 관광이 인기를 끄는 배경에는 호텔에서 지내보고 싶어하는 광저우인의 동경심 같은 것도 담겨 있다. 이는 일부 부유층의 호화생활과는 전혀 다른 것으로, 얼마쯤의 지출로 쾌적하고 근사한 경험을 함으로써 정신적 만족감을 얻는 것이다.

심지어 호텔의 각종 서비스를 통해서 오늘날의 고급 생활수준을 엿볼 수 있다고 말하는 사람도 있는데, 이는 평범한 시민이 호텔에서의 숙박 경험을 갖는 것과는 전혀 다른, 호텔 그 자체가 소비의 목적이 되는 경우다.

미국 영화 「스탠리와 아이리스」에는 케이크공장에서 일하는 여주인공이 휴일에 가장 해보고 싶은 일이 멋진 호텔의 화려한 침대에서 초콜릿케이크를 먹는 것이라고 말하는 장면이 나온다. 아마도 여주인공의 희망에 공감을 표하는 광저우인은 적지 않을 것이다.

여행을 즐기는 광저우인은 이제 자신의 문화적 품격을 높여야 한다. 주광쳰朱光潛[72]은 알프스산맥의 찻길에 "천천히 감상하면서 가세요!"라는 표어가 있다고 하였는데, 그가 이 표어를 빌어 말하고자 한 것은 '예술적 인생'이다. 여행을 즐기는 광저우인이라면 이 말을 잘 기억하여 여행길에서 좌우명으로 삼아야 할 것이다.

[72] 1897~1986. 중국의 미학자(美學者), 문예이론가, 번역가. 중국 현대 미학의 기틀을 다진 인물로 평가된다.

36 밤의 열정

밤은 사람을 쉬게 하려고 있는 것이다. 서양에서 여름밤은 꿈과 밤 꾀꼬리가 지저귀는 세상이고, 중세 광장의 시인이 만든 소리 없는 분수며, 그 시인의 시를 읽는 고독한 나그네의 시간이다. 그런 밤에 시인은 나의 죄는 주홍색이지만, 나의 글은 누군가 읽는다고 말한다.

어떤 이는 밤은 귀신과 요괴가 모습을 드러내는 기회로, 「요재지이聊齋志異」[73]가 연출되는 무대라고 말하고, 또 어떤 이는 아귀餓鬼에게 보시하는 것이라고 말한다. 아무튼 밤은 꽃잎처럼 지고 외톨이별처럼 쓸쓸하다.

하지만 광저우인에게 밤은 별천지다. 광저우인이 가진 모든 것이 그들의 밤하늘에 속한다. 일과 휴식이 광저우인의 낮과 밤을 나누는 경계라고 말하기는 어렵다. 설사 그런 경계가 있다고 해도 그것은 아마 뒤바뀌었을 것이다. 광저우인의 밤문화는 중국에서 가장 다양하고 풍부할 것이다. 물론 세속적이지만 밤을 지새우는 문화는 광저우인에게는 습관이자 격정의 발로다.

1985년, 광저우에서는 후이푸하이주야시장이 전국 최초로 문을 열었고, 이어서 황화야시장과 시후야시장이 문을 열었으며, 마침내 전국 각지의 의류도매시장도 야간영업을 시행하게 되었다. 야시장은 광저우인의 밤문화의 시작은 아니지만 일종의 흥분제가 되었고, 광저우인의 마음에 향유라기보다는 창조라는 인식을 심어 주었다.

퇴근 인파의 자전거 물결이 잦아들 무렵, 도로 양편에 늘어선 점포의

---

[73] 청나라 포송령(蒲松齡)이 편찬한 괴담(怪談) 모음집.

쇼윈도와 간판에는 아직 햇볕의 뜨거운 열기가 가시지 않는다. 이 무렵이면 야시장으로 들어서는 도로는 차단되고, 대나무 장대를 짊어지고 전기선을 끌고 포장마차를 밀고 비닐포장을 든 사람들이 마치 땅속에서 솟아나기라도 한 것처럼 모습을 드러낸다. 그들은 무대배경을 바꾸는 기술자들보다도 더 익숙한 손놀림으로,—그들은 날마다 똑같은 무대를 세우므로 당연한 것이다.— 순식간에 도로 양편에 두 줄로 길게 가설점포를 세운다. 이윽고 점포의 주인이 모습을 드러낸다. 그들은 옷상자를 차례로 열어 샘플을 하나씩 옷걸이에 내건다. 어둠이 깔리면 야시장에는 사람들이 들이닥치고, 환한 불빛 아래는 어느 새 발 디딜 틈도 없이 인파로 가득 찬다. 비바람이 몰아치는 날을 제외하고, 오랫동안 연출된 밤의 열정이다. 광저우 전역에는 헤아릴 수 없이 많은 야시장이 불야성을 이룬다.

야시장과 비슷한 것으로 주강을 따라 있는 시궁西貢 해산물 먹자거리가 있다. 원래 이 일대는 주강 여객선 터미널의 창고로, 어둠이 내리면 인적조차 끊어지고 적막에 휩싸이던 곳이다. 그런데 "어느 날 밤 홀연히 봄바람이 불어오더니"(忽如一夜春風來) 금세 많은 해산물 음식점이 생겨나더니 노천에 테이블을 펼쳤고, 네온사인은 어두운 밤하늘을 화려하게 수놓았다. 강을 따라 길게 늘어선 승용차와 오토바이 행렬은 장관을 이루는데, 음식을 먹으러 왔다기보다는 마치 도강 명령을 기다리는 기계화 부대처럼 보인다.

저녁 9시가 넘으면, 밤의 낙원은 절정으로 치닫는다. 술잔 부딪치는 소리와 왁자지껄 떠드는 소리는 마치 유쾌함을 만드는 기계 속에 들어와 있는 것 같은 착각마저 들게 한다. 주거지에서 멀리 떨어져 있어서 이 일대는 철야영업이 가능하다. 자정을 넘기고 사람들이 썰물처럼 빠져나간 뒤에도 여전히 남아 있는 사람들은 진정한 놀이꾼이다. 새벽 강바람이 불고 달이 지고 이윽고 아침 햇살이 고개를 내밀 무렵이 되어서야, 밤새 먹고 놀던 사람들은 비로소 자리를 털고 일어서고, 업주와 종업원들도 뒷정리를 하고 휴식을 취한다. 이곳은 동남아시아에서 가장 규모가 큰 해산물 식당가로 홍콩인들도 이곳을 찾으면 감탄을 금치 못한다고 한다.

광저우인은 저녁 식사를 하고 나서 밤거리를 쏘다니는 것을 좋아한다. 밤거리를 쏘다니다가 밤참을 먹는 것은 오래된 관습이다. 저녁 식사를 한 뒤에 8, 9시까지 친구들과 이런저런 잡담을 나누다가 함께 차를 마시고 밤참을 먹는 것은 흔히 볼 수 있는 친구지간의 모임 방식이다. 광저우의 상인은 저녁시간은 황금시간이라는 것을 잘 알고 있다.

야시장 하나가 한 지역의 서비스업을 일으키고, 음식거리 하나가 야간 세차장 몇 개를 먹여 살린다. 광저우의 밤의 열정은 돈을 쓰고 돈을 버는 것이 어우러진 것이다. 야시장은 광저우인의 하루 생활 패턴을 단적으로 보여준다.

런던에서 쌀쌀한 저녁에 작은 바에 들어가 맥주를 마신 적이 있는데, 11시가 되기도 전에 문을 닫아서 깜짝 놀랐다. 또 영국의 중소도시를 찾았을 때는 밤이 되자 행인의 발길조차 뜸했던 기억이 난다. 파리의 경우는 달랐다. 샹젤리제 거리는 현란하고 낭만적인 밤의 열정으로 가득했다. 이런 측면에서 보면 광저우는 파리나 홍콩에 못지않다.

광저우인은 밤에 갈 곳이 많다. 찻집에 가서 야차夜茶를 마시기도 하고, 나이트클럽·가라오케·볼링센터·노래방·디스코텍에 가서 놀기도 하고, 바이윈산白雲山 꼭대기에 있는 찻집을 찾기도 하고, 아이스링크에 가서 스케이트를 타기도 하고, 비어팝에 가서 맥주를 마시기도 하고, 사우나에 가기도 하고, 바에 가기도 한다. 어디를 가나 말쑥하게 차려입은 젊은 남녀로 가득하다.

광저우의 한 여행사에서는 야간 관광코스를 개발해 외지 관광객으로부터 큰 호응을 얻었다고 한다. 그러나 나 같은 토박이에게 광저우의 밤문화는 아직도 수수께끼다.

37　통계로 본 광저우인

통계는 사회분석에 흔히 활용되지만, 나는 숫자에 대한 두려움 때문에 아직도 통계수치를 쉽게 믿거나 활용하지 못한다. 그 이유는 이렇다. 통계수치는 사람에게 틀림없는 사실이라는 느낌을 준다. 사실은 웅변보다 낫다. 그러니까 통계수치는 웅변보다 나은 셈이다. 현대 생활에 있어서 통계수치는 철저하게 우리를 제어하며, 심지어 우리의 가장 기본적 특징을 이루기 때문에—예를 들어 신분증에 있어서는 '번호'만 신뢰한다.— 통계수치의 진실성은 목숨처럼 중요한 것이 되었다. 하지만 그럴수록 나는 수치와 가까워지기가 더욱 어려워진다. 왜냐하면 나는 모든 통계수치가 진실한 것인지 판단할 방법이 없기 때문이다. 통계수치 그 자체는 강철로 만든 것이 아니고, 다른 진리나 거짓말처럼 사람의 입을 거치거나 손으로 써내는 것이기에, 누구라도 통계수치 몇 개쯤은 말하거나 써낼 수 있다. 한 저명한 경제학자는 이렇게 말한 적이 있다. "지금 중국 가정의 경제력이 어느 정도인지 명확하게 말할 수 있는 사람은 아무도 없다. 중앙정부도 명확하게 언급하지 못하고 지방정부도 명확하게 언급하지 못한다. 통계상의 수치와 실제 상황은 다르기 때문에 누구도 지금 있는 통계수치를 함부로 믿지 않는다."

하지만 누구도 통계수치에서 벗어나지는 못한다. 수치에 대하여 극도의 경계심을 내보인 이 학자도 자신의 글에서는 많은 통계수치를 인용했다. 기억할 수만 있다면, 통계수치는 참고만 하고 완전히 신뢰하지는 않아도 된다. 다음에 언급하는 것은 광저우에 관련된 몇 가지 통계수치를 인용한 것이다. 어쩌면 논란이 생길 수도 있으므로, 지나치게 신뢰할 필요는 없다.

먼저 수입을 보자. 요즘 중국인은 눈치가 빨라져 남의 수입을 대놓고 묻지는 않는다. 하지만 친구지간에는 모른 체하기도 뭣해서 슬쩍 에둘러서 물어보고는 한다.

"자네 직장은 어떤가? 한 달에 대략 어느 정도인가?"

광저우인의 연평균 임금에 관한 통계수치를 살펴보면 다음과 같다. 1978년은 714원, 1979년은 824원, 1980년은 941원, 1981년은 1,017원, 1985년은 1,621원, 1990년은 3,504원, 1992년은 6,342원, 1994년은 8,632원, 1995년은 9,990원이다.[74] 1996년의 평균 수입에 대해서는 두 가지 수치가 있다. 첫째, 일인당 연평균 수입은 10,688원이고, 가구당 연평균 수입은 24,331원이다. 둘째, 가구당 월평균 수입은 2112.6원이다. 상하이의 경우는 1874.7원이고, 베이징의 경우는 1547.5원이다. 월평균 수입이 2,500원 이상이면 고소득가구이고, 1,000원 미만이면 저소득가구라고 볼 때, 광저우는 고소득가구 비율이 23.4%이지만, 상하이는 15.2%이고, 베이징은 8.5%에 지나지 않는다. 반면 저소득가구의 비율은 베이징의 경우 41.2%로, 광저우와 상하이의 두 배에 이르렀다.

전국의 대도시 가운데 일인당 평균 소득이 가장 높은 도시는 선전深圳일 것이다. 아쉽게도 자료를 찾을 수가 없다.[75]

사실 각종 통계수치 가운데 개인의 평균 소득 항목은 가장 신뢰하기 어렵다. 지금 개인이 직장에서 받는 소득은 급여명세서에 명시된 것과 그렇지 않은 것이 있다. 그러니 '연

---

74) 2008년에는 23,314원으로 늘어났다.
75) 선전의 평균 가처분소득은 2006년도에 22567.08원으로 조사되었다. 마카오, 홍콩, 타이완 지역을 제외하면 중국에서 소득이 가장 높은 도시는 선전과 광저우 순이며, 세계 도시 가운데서는 각각 261위와 262위에 해당한다.

평균 소득'이라는 것이 무슨 의미가 있겠으며, 또 직장 이외에서 생기는 기타 수입은 어떻게 되는 것인가? 통계관계자들은 사람들이 자신의 소득을 밝히기를 조심스러워하고 또 각종 '음성 수입'이 있어서, 광저우인의 연평균 소득은 앞서 제시한 수치보다 높을 것으로 추측한다. 하지만 해고 노동자가 크게 늘어나면서 매달 몇 백 원의 생계보조금으로 근근이 버티는 사람들도 적지 않다. 게다가 자리를 보전한 직공들도 경영성과에 따라 소득이 오히려 감소하는 경우도 적지 않다.

명세서상에 나타난 급여액 수치와 비교할 때, 가정의 내구성 소비재 보유량이 광저우인의 생활수준을 오히려 잘 보여줄 수 있다. 1983년에 광저우인이 가전제품 구입에 지출한 금액은 1인당 40.92원이었는데, 1986년에는 93.86원으로 증가하였고, 1987년에는 111.26원으로 증가했다. 1996년에는 광저우인의 대형 가전 보급률은 TV 96.7%, 냉장고 90.7%, 세탁기 87.2%, 오디오와 에어컨이 각각 54.7%에 이르렀다. 이는 당시로서는 세계적으로도 결코 낮지 않은 보유율이었다. 또 오토바이를 소유한 가정이 22.5%에 이르러 광저우가 전국에서 오토바이 보유율이 가장 높은 도시로 나타났다. 승용차를 보유한 가정은 1.8%에 불과했다. TV는 갈수록 대형화 추세를 보여서 예전에는 29인치를 가장 선호하다가 실내공간이 확대되면서 34인치로 옮아갔다. 이런 소비패턴은 외국에서 살다가 돌아온 사람들을 놀라게 했다. 영국과 프랑스를 방문했을 때, 중국계 가정에는 대형 TV가 흔히 있었지만, 서양인 가정에서는 오히려 찾아보기 어렵던 기억이 난다.

광저우인의 주거환경은 중국의 대도시 가운데 괜찮은 편이다. 1986년 광저우인의 1인당 주거면적은 6.62m²였는데, 1996년에는 13.6m²로 늘어났고, 가구당 평균 주거면적은 45.06m²로, 제법 개선되었다. 주거환경의 개선은 주거면적의 확대 이외에도 주방과 화장실이 중요한 비중을 차지한다. 1996년에는 70.3%의 가구가 단독 주방과 화장실을 보유하였고, 12.9%의 가구는 주방은 단독으로 사용하지만 화장실은 공용이었다. 당시 주거환경에 대하여 응답자의 3.9%는 매우 만족, 42.1%는 대체로 만족한다고 대답했지만, 42%의 응답자는 만족하지 않는다고 대답하였고, 매우 만족하지 못한다는 대답도 9.2%나 되었다.

주거환경에 대한 나의 생각은 크게 바뀌었다. 예전에는 5, 60m²정도의 아파트도 제법 괜찮다고 생각했는데, 지금은 100m²도 만족스럽지가 않다. 하지만 아직도 겨우 수 평방미터에 지나지 않는 극빈가구가 적지 않다. 구시가지에 있는 주택가는 주거환경이 수십 년 전 그대로다. 광저우에서는 개인적으로 거래가 가능한 상품방商品房 시장이 일찍부터 등장하여 빠르게 발전하고 있지만, 샐러리 계층은 시내에서 가격이 맞는 주택을 구입하기가 매우 어렵다. 지난 1996년도의 경우를 살펴보자. 통계수치상으로는 1995년 말 기준으로, 광저우에 남아 있는 상품방은 연면적이 100만m²나 되었지만, 5, 60m² 아파트의 가격은 근로자 연평균 수입의 30배나 되었다. 즉 30년 동안 한 푼도 쓰지 않아야 구입할 수 있다는 말이다. 상황은 지금도 다르지 않다.

지출이 차지하는 비중을 통해서도, 광저우인의 생활수준 변화를 살펴볼 수 있다. 1990년, 광저우인의 1인당 지출 가운데 식비의 비율은 평균 60.95%로 전국의 9대 도시 가운데 수위였지만 피복비는 5.89%로 꼴찌였다. 그런데 1996년의 조사를 보면 의외의 결과가 나왔다. 베이징인의 식비지출은 평균 42.8%고, 상하이인은 40.1%였지만, 광저우인은 39.7%에 그쳤다. 또 저축률은 상하이가 16.5%고, 베이징이 13.4%인 반면 광저우는 11.9%에 불과했다. 1990년의 통계수치는 광저우인이 먹기만 하고 입지는 않는다는 것을 전형적으로 보여주는데, 상하이인과는 정반대의 모습이다. 그런데 어째서 1996년에는 광저우인의 식비지출이 1990년보다 20%나 떨어진 것일까? 광저우인이 먹는 것을 좋아하지 않게 되었다고는 볼 수 없고, 광저우인의 실질소득이 식비지출보다 훨씬 많이 증가했다고 보는 것이 합리적 설명이다. 아울러 수입 대비 저축 비율이 최하위라는 것은 광저우인이 소비심리가 높다는 사실을 보여준다.

생활수준에 대한 주관적 느낌은 흔히 삶의 질에 직접 영향을 미친다. 예전보다 생활수준이 못해졌다고 생각하는 사람은 광저우가 6.6%, 상하이가 9.1%, 베이징이 11.1%로 나타났다. 앞으로 더 나빠질 것이라고 생각하는 사람은 광저우가 6.8%, 베이징이 8.8%, 상하이가 10.4%로 나타났다. 이런 결과는 광저우인이 현실을 인정할 줄 알고, 미래에 대한 믿음이 크다는 것을 보여준다.

경제적 지위는 직업과 직접적 관계가 있다. 직업에 대한 선호도를 보면, 광저우인은 15.2%가 개인기업의 사장이 되기를 바라지만, 베이징은 6.9%이고, 상하이는 6.2%에 불과하다. 재정적 능력과 사회적 지위의 관계에 대해서는 광저우인은 34.7%가 돈이 사람의 사회적 지위를 결정지을 수 있다고 생각하지만, 베이징과 상하이의 경우는 각각 25%와 26.9%에 지나지 않는다. 이처럼 차이가 큰 것은 광저우인이 시장경제에 상대적으로 깊이 적응하였고, 자기 사업을 통해서 부를 축적하기를 바라며, 그것이 사회적 지위를 높이는 유력한 방법임을 굳게 믿는다는 사실을 보여준다.

통계수치로 볼 때, 광저우인은 시장경제의 길목에서 망설이지 않고 앞으로 나아가고 있음을 알 수 있다. 내일의 광저우인은 더욱 풍요하고 더욱 행복할 것이다.

38 외지 출신과 광저우인

광저우에 거주하는 외지인은 수백 만 명에 이르는 것으로 추산된다.

이 도시가 무엇 때문에 이런 매력을 지닌 것일까? 이유는 분명하다. 먹고 살 수 있는 기회를 주기 때문이다. 본래 살던 고장에서는 이런 기회가 없거나 아니면 대우가 형편없어서, 살 길을 찾아 떠나오는 것이다.

페르낭 브로델[76]은 "사람은 대도시에 기생하면서 나름의 방식으로 먹다 남은 수프 한 그릇을 얻어먹을 수 있는데, 누구나 수혜자가 될 수 있다."고 했다. 대도시가 왜 영원한 매력을 지니는가를 설명한 말이다. '기생한다' 느니 '먹다 남은 수프' 니 하는 표현이 귀에 거슬리기는 하지만, 당당하게 말한다면 '대도시 건설에 기여하는 힘'을 의미한다. 하지만 이는 거짓 주장이다.

도시인은 생계를 찾아 들어온 외지인에 대해 항상 우월감과 은전을 베푼다는 마음을 갖고 있다. 도시당국은 부담이 더 크다. 도시의 수용능력과 치안문제 등의 관점에서 외지인을 정원을 초과한 압력으로 간주한다. 은전을 베푼다는 보통 시민들의 속내는 얼굴에 씌어 있고, 당국의 부담감은 지폐에 쓰여 있다.—정식 절차를 거쳐 거주허가를 받아서 들어오는 사람은 거액의 도시건설비를 부담해야 한다.— 정말로 도시에 기여하는 사람으로 간주한다면, 어떻게 거액의 비용을 부담하게 할 수 있겠는가? 그런데 일정한 직책을 지닌 사람에게는 도시건설비를 면제하도록 규정한 것은 더욱 타산적인 것이다. 다시 말해서 신분이나 지위가 있으면 기꺼이 환영한다는 의

---

[76] Fernand Braudel, 1902~1985, 프랑스의 역사학자, 교육자.

미다. 외지인들은 광저우를 평등한 출발선이라고 생각하지만, 사실은 출발선에 서는 권리조차도 평등하지 못하다. 따라서 출발선 그 자체는 말할 필요도 없는 것이다.

광저우에 처음 발을 들여놓은 외지인은 북방에서 내려온 사람들인데, 그들은 자긍심을 갖고서 광저우에 첫발을 들여놓았다. 그들은 그때까지 전기·수도·대중교통을 한번도 이용해 본 적이 없었더라도, 광저우의 각급 관리자가 되었고, 빠르게 시골뜨기에서 도시인으로 변신했다. 그리고 그들은 이내 성문을 굳게 닫아걸었다.

중국 현대사에서 도시호적제도의 확립은 획기적 변화를 가져왔다. 호적 제도가 확립되면서부터 도시주민과 농촌주민은 서로 넘어설 수 없는 신분상의 간극이 생겼고, 단시일 안에 중국인은 태생적으로 도시사람이거나 시골뜨기의 단순화된 두 가지 부류로 나누어졌다. 그리고 이런 신분은 바꿀 수 없다는 사실이 분명해졌다. 호적과 신분상의 불평등은 전체 사회 구성원에게 도시에 대한 커다란 응어리를 낳았고, 괴로움과 즐거움, 두려움과 희망, 눈물과 웃음으로 가득한 많은 이야기를 만들어냈다.

도시인구의 팽창을 막고 심리적 안정을 유지하기 위하여 줄곧 도시의 매력을 폄하하는 사고의 행태를 보여왔다. '도시생활에 연연한다'고 인식되는 것은 좋지 못한 평판을 받았고, 누군가 도시를 떠나 시골로 이주하면 후광을 덮어씌웠다. 그러나 현실적으로 도시 호적은 일종의 포상이고, 공로와 충성심에 대한 일종의 보답이었다. 예를 들어 같은 농촌 출신이더라도 장교는 전역 후에 도시에 거주할 수 있지만, 사병은 제대하면 농촌으로 돌아가는 수밖에 없다. 아울러 '도시를 떠나는 것'은 일종의 징벌의 수단이기도 했다. 도시 호적을 말소하는 것은 지난 시절 정치운동 과정에서 감금보다 약간 너그러운 조치였다. 이처럼 두려운 현실은 진심에서 우러나 농촌생활을 선택한 것을 조롱하고 마음에 상처를 입혔다.

이런 역사적 배경 속에서 우리 세대는 새로운 도시의 시대를 맞이했다. 즉, 돈을 써서 도시에 진입하는 통행증을 만드는 시대가 된 것이다. 이는 매우 중요한 의미를 지닌 역사의 진전이라고 할 것이다. 사람의 신분이 처음으로 행정적 통제에서 벗어날 가능성이 생긴 것이다. 따라서 대도시는 외지인과 마주할 수밖에 없게 되었다.

비용을 지불했든 지불하지 않았든, 정식 통로와 절차를 거쳐 광저우에 들어온 사람은 사회적으로 문제를 일으킬 외지인에 해당되지 않는다. 그들에게는 일정한 직업이 있고, 영구적인 호구가 있고, 대부분 안정된 주거가 있기 때문이다. 그들이 도시에 가져오는 것은 인구팽창의 압력뿐이다. 이런 부류는 '신新광저우인'으로 불리는 것이 합당하다.

명실상부한 '외지인'이란 수시로 들락거리고, 일정한 거처가 없고, 사소한 손재주는 있지만 정해진 직장이 없는 사람들이다. 듣기 좋은 말로는 '민공民工'이라고 하고, 듣기 거북한 말로는 '맹류盲流' 즉 '떠돌이'라고 한다. 도시에 머무르는 이런 부류는 도시의 불안 요인이 된다.

페르낭 브로델은 1788년의 파리를 묘사하면서 "쿨리coolie[77]는 모두 다른 지역에서 들어온 사람들이다."라고 했다. 이런 현상은 보편성에 근거한 것이다. 기능은 있지만 기회가 없거나, 그런 기능조차 갖지 못한 외지인은 대도시에서 막노동에 종사할

---

[77] 예전에 인도와 중국의 하급 노동자를 이르던 말로, 서구에서는 아시아 출신의 저임금 미숙련 노동자를 이르는 말로 쓰였다.

수밖에 없다.

예전에 이삿짐센터가 광저우의 신흥업종 가운데 하나로 급부상하면서 광저우인은 제 손으로 이사를 하지 않게 되었다. 이삿짐센터에 고용된 운반공은 대부분 외지에서 들어온 사람들로, 광저우인 가운데는 땀을 흘리며 힘을 써야 하는 이런 일을 하려는 사람이 없었다. 아무튼 이삿짐센터는 호황을 누렸고, 외지 출신은 운반공으로 활약했다. 광저우시 당국이 해마다 선정하는 '외지 출신 10대 노동자' 가운데 한번은 허난성河南省에서 온 운반공이 선정되었는데, 그는 부상으로 일체의 비용부담 없이 광저우 호구를 취득하게 되었다. 외지 출신에게 이런 상은 대단한 것이고, 또 상징적 의미도 크다. 이삿짐센터에 고용된 외지 출신 노동자 이외에도 수많은 민공들이 건설현장을 비롯하여 터미널·부두·자재창고·신축빌딩 등지에서 날품을 팔며 고되게 살아간다.

기능을 가진 외지 출신 노동자는 광저우에서 생계를 도모하기가 그다지 어렵지 않다. 장시성江西省 출신 목공이나 저장성浙江省 출신 신발수선공은 이미 광저우에서 지역 특성을 지닌 직업그룹을 형성하였다. 광저우인은 그들의 노동과 서비스 없이는 생활하기 어렵게 되었다.

외지인 가운데 일부는 문화·예술·교육·비서 등 정신노동을 하는 자유직업에 종사한다. 그들은 외지인 가운데 귀족 계층에 해당되며 일반적인 민공과는 부류가 다르다. 그들은 자신의 아이디어와 문화적 활력으로 광저우에서 새로운 문화를 만든다. 떠돌이 예술가·떠돌이 기자·떠돌이 음악인은 광저우 문화에서 생동감 넘치는 일부분이 되었다. 그들은 생계를 도모하는 사람이자 또한 새로운 광저우 문화의 건설자다.

거처가 일정하지 않고 날품을 팔아서 살아가는 외지인은 광저우인의 생활에 각종 편의를 제공하는 동시에 각종 사회적 문제를 일으키기도 한다. 문제가 생길 적마다 광저우인은 외지인을 원망한다. 외지인은 대개 도시지역과 농촌지역이 맞닿는 지역에서 농가의 방을 얻어서 생활하는데, 불법 가건물·생활쓰레기·각종 오수·많은 자녀·도박·싸움 등으로 숱한 문제를 일으킨다. 그것은 그들의 생계방식이나 문화적 자질과 관계가 크다. 광저우인은 외지인이 자신들의 생활에 편의를 제공하는 동시에 각종 문제를 야기한다는 사실에 주목하고, 외지인은 어떻게 하면 더 낫게 살아갈 수 있을까에 관심을 기울이고, 당국에서는 어떻게 하면 이들을 잘 관리할 것인가에 골머리를 앓고, 기자들은 외지인 때문에 일어나는 핫뉴스를 포착하려고 호시탐탐 노린다.

외지 출신과 광저우인을 마주하노라면 사회적 평등의 문제를 생각하게 된다. 도시 진입을 불허하던 데서 허용하게 되기까지의 변화는 신분상의 평등을 얻어낸 첫걸음이라고 할 수 있다. 이런 변화는 사회생활에 있어서 자기 발전에 대한 요구이자, 개혁개방의 흐름 속에서 필연적인 변화로, 첫걸음을 옮기는 것은 그리 어렵지 않은 일이었다. 진정한 변화는 마음가짐이 달라져야만 하는 것이다. 외지 출신은 영리하고 슬기롭고 자신감 있고 스스로 존엄을 지키도록 변화하고, 광저우인은 한층 너그럽고 개방적이고 통찰력 있고 우애 있게 바뀌어야 한다. 이런 마음가짐을 가져야만 진정한 사회적 평등을 이룰 수 있다.

하지만 유감스럽게도 외지 출신과 광저우인은 한 도시에서 오랫동안 공존했지만, 여전히 서로의 관계는 한쪽은 상대를 부리고 한쪽은 생계를 도모하는, 즉 관리하고 관리받는 단계에 머물러 있다. 흔히 "외지 출신들의 자질을 제고한다."고 말하지만, 어떤 방법으로 그렇게 만들 것인가에 대해서 광저우인은 진지하게 생각한 적이 없다. 광저우인은 외지 출신에 대한 편견을 깡그리 내던져야 한다. 대다수 광저우인은 외지 출신 민공을 필요할 적에만 일시적으로 고용하는 대상으로 여길 뿐 문화적 교류나 감정적 교류는 하려고 하지 않는다. 외지 출신 민공은 이런 점에 대해 아무런 내색도 하지 않고, 최하 수준의 대우를 받으며 호구지책을 삼을 뿐이다. 이런 점에서 보면, 외지 출신 민공은 이제껏 자신을 도시의 삶에 용해시키려는 생각조차 하지 않은 것 같다.

사회의 다수 구성원이 다른 소수 구성원과 오랫동안 서로 의존하면서도 철저하게 거리를 유지하여, 서로 인사도 하지 않고 서로에 대한 기억도 없고 어떤 정감 있는 이야기도 생기지 않는다는 것은, 어쩐지 이상하지 않은가?

서양에서는 근대 이후로 외지에서 흘러든 사람의 영혼을 녹슬게 만드는 도시생활을 다룬 문학작품이 적지 않다. 도시에 기생하는 삶을 들춰내고, 순박한 외지인이 도시의 유해한 환경에 물드는 것을 동정하는 것은 찾아보기 어렵지 않다. 바로 발자크와 모파상의 장기이기도 하다. 하지만 지금 중국의 도시에는 이런 이야기가 존재하지 않는다. 그것은 무엇을 의미하는 것인가? 외지 출신과 광저우인이 지닌 '인격의 불평등'에 대한 심리적 각인을 통해서 해석하는 수밖에 없을 것이다. 이런 현상은 중국 사회의 인간관계에 있어서 하나의 비극이다. 외지 출신과 광저우인 누구나 이 문제를 깊이 생각해 보아야 한다.

39 외지 출신이 보는 광저우와 광저우인

예전에 「월항신식일보粤港信息日報」에 「내 마음속의 광저우」라는 짧은 글이 실렸다. 글쓴이는 외지에서 들어온 사람들인데, 광저우에 대한 그들의 이해나 태도가 모두 옳은 것도 아니고, 그들의 진정성을 의심하는 친구도 있었지만, 나는 그래도 진심이라는 생각이 들었다. 당시 그들이 쓴 글을 인용하고, 나의 생각을 덧붙인다.

> 오랫동안 광저우를 동경했다. 내가 상상하는 광저우에서는 숱한 비즈니스가 진행되고 치열한 마케팅 전쟁이 펼쳐지고 최선을 다하는 인재들이 있고 밤이면 젊은이들이 가로등이 비추는 가로수 길을 거닐 것이다. 희미한 달빛과 살랑대는 미풍은 광저우인의 심신을 건강하고 풍요하게 만들 것이다.

—이 글은 어떤 곳에 대한 동경이 실제로 이해한 바탕 위에서만 이루어지는 것은 아니라는 것을 보여준다. 문학적 매력이 있고 진실한 감정이 담겨 있지만, 글쓴이가 생각하는 '광저우'는 중국의 어느 도시에도 갖다 씌울 수 있다. "10억 명의 인민들 가운데 9억 명이 장사꾼"이라는 중국에서 어디에선들 비즈니스가 진행되지 않을까? 어디엔들 치열한 판매전과 최선을 다하는 인재가 없을까? 그리고 어느 도시에서나 가로등이 비추는 가로수 길에서는 젊은이들이 산책을 즐긴다. 그러나 마지막에 언급한 광저우인에 대한 축원은 자못 감동적이다. 광저우를 잘 모르는 외지 출신도

이런데, 광저우인 자신은 더욱 믿음을 갖는 것은 당연하다.

자신의 본분에 만족하지 못하여 광저우에 들어선 젊은이 가운데는 신천지를 여는 사람도 있고, 지칠 대로 지쳐서 고향으로 돌아가는 사람도 있다. 그래서 어떤 이는 광저우를 사랑하고, 어떤 이는 광저우를 원망한다. 내가 생각하는 광저우는 생명력이 흘러넘치는 모험가의 낙원이다. 희망을 주고 또 동경하게 만든다.

─불현듯 어린 시절에 읽은 책에서 "상하이는 제국주의 모험가의 낙원이다."라고 한 구절이 떠올라 광저우에 대해 알 수 없는 두려움이 싹튼다. 하지만 모험이란 위험을 무릅쓴다는 말이다. 비즈니스계에서 위험을 무릅쓰지 않는 곳이 어디에 있겠는가? 외지의 젊은이가 광저우에 들어오는 것은 마치 중국의 젊은이가 미국에 가는 것과 같아서, 누군가는 애착을 갖게 되지만 누군가는 원망을 품게 된다. 따라서 결국 희망을 줄 수 있는 곳으로 가게 마련이다.

광저우인은 빠르다. 광저우인은 부유하다. 광저우인은 영리하다.

─'빠르다'와 '부유하다'는 표현이 사실에 좀 더 가까운 것 같다. 광저우인은 무슨 일을 하든 손발을 빠르게 놀리기 때문에 다른 지역보다 확실히 업무 효율이 높다. 예전에 광둥 TV에서 방영한 「매주일서每週一書」라는 프로그램을 라사에서 제작한 적이 있었다. 이틀 만에 촬영을 마쳤는데, 티

베트 TV 방송국 관계자는 자기들 같으면 한 달은 걸렸을 것이라고 했다. '부유하다'는 표현은 그렇게 생각할 수도 있을 것이다. 광저우인이 먹고 사는 수준은 중국에서는 괜찮은 편이다. 하지만 '영리하다'는 표현은 상하이인에 미치지 못한다. 상하이인에 견줄 수 있어야 '영리하다'고 말할 수 있다.

> 광둥인은 중국인을 남방인과 북방인 두 부류로 나눈다. 그리고 광저우는 '남방'의 영혼이라고 한다. 외지인을 헷갈리게 하는 이런 구분은 중원문화中原文化에서 나온 인문적 관념이 은연중에 굴절된 것이다. 처음 광저우에 도착한 외지인은 마치 남의 나라에라도 온 것처럼 얼떨떨하다. 중국 대도시 가운데 광저우는 자못 '이류異類'다. 앞서거니 뒤서거니 이곳에 와서 생계를 도모하는 외지인에게 광저우는 화들짝 놀라 달아나든 물을 만난 물고기처럼 뜻을 펼치든, 처음부터 끝까지 늘 남의 집이고, 변함없이 나를 남으로 간주하기에, 영원히 주인이 되지 못할 것임을 스스로 깨닫는다.

—이성적인 것도 같고 감성적인 것도 같다. 보다 정확히 말한다면, 광저우인은 중국인을 광둥인과 북방인의 두 부류로 나눈다. 북방인은 보통화普通話를 구사하는 사람을 가리킨다.—표준 보통화와 비표준 보통화를 구사하는 사람을 포괄한다.— 주인과 손님의 구분은 주관적 느낌이 크다. 사실 광저우에서 이런저런 권력을 행사할 수 있는 사람은 상당수가 보통화를 구사하는 사람들이다. 그들은 주인인가? 손님인가? '주인'이라는 말은 일

종의 신분이고 지위이기 때문에 상당히 개념이 복잡하다. 권력을 손에 넣거나 재력을 갖추어서—아주 큰 권력과 엄청난 재력을 말한다.— 많은 사람과 물질을 지배하게 되더라도 여전히 자신은 주인이 아니라고 생각할까?

외지인인 내게 인상적이었던 것은 광저우 도서전시회를 찾은 인파가 재래시장을 찾은 사람보다 더 많고, 욕설을 내뱉는 사람들이 헤아릴 수 없을 정도였다는 사실이다.

—광저우에서 개최된 도서전시회는 항상 성황을 누렸다. 모두가 축제 분위기를 만들고자 애썼다. 하지만 도서전시회의 득실과 성패를 가리는 기준이 오직 하나뿐이라는 사실은 아무도 생각하지 못했다. 각지에서 출판된 양서가 모두 모였는지, 학술도서와 인문도서가 최대한 망라되었는지 하는 점이다. 광저우에서 열린 도서전시회는 책임자를 만족스럽게 하고, 평소에 책을 잘 구입하지 않던 시민들도 책 몇 권을 사게 만들고, 또 언론매체에 손쉽게 뉴스거리를 제공하지만, 진정한 독서인을 실망시키기도 한다.

마지막 이야기는 자못 당황스럽다. 사실 지금 광저우인은 상스러운 말을 많이 쓰는 편은 아니지만, 아무튼 사용하고 있다. 점잖지 못한 말을 없애는 데는 여러 방법이 있다. 그 가운데 하나는 특정 직업을 없애는 것이다. 예를 들어 예전에는 공공버스에서 여자매표원이 듣기에 민망한 욕지거리를 내뱉으며 승객과 다투는 모습을 흔히 볼 수 있었다. 그런데 자율버스제도가 전면 시행되면서 매표원이라는 직업이 사라지자, 공공장소에서 흔히 듣던 상말도 훨씬 줄었다.

연인이 베이징에 있지만, 나는 결연히 광저우로 왔다. 그렇다. 베이징에 비하면, 광저우는 부귀함과 웅장함은 없지만, 경도京都에서는 영원히 찾아보기 어려운 평화와 개방이 있다. 광저우는 평화롭다. 광저우는 교양 있고 마음이 화평한 부유한 신사라고 말한대도 지나치지 않을 것이다. 이곳에는 세습 왕공이나 귀족은 없지만, 근면한 근로정신이 대대로 내려온다. 당신이 가난뱅이인지 부자인지, 또 어디에서 왔는지는 따지지 않는다. 당신과 나는 평등한 존재이고, 어디서나 똑같은 출발선에 선다.

―광저우와 광저우인을 평화롭다고 말한 것은 옳다. 근면한 근로정신도 광저우인이 인생을 대하는 중요한 정신임에 틀림없다. 하지만 부자와 가난뱅이는 인격과 법률에 있어서만 평등할 뿐이며, 똑같은 출발선에 서는 일은 있을 수 없다. 이런 점은 중국의 여느 도시와 마찬가지다.

광저우는 경제적 바탕이 튼실하고 상부구조도 뛰어나다. 광저우는 의식 있는 사람들을 동경하게 만든다.

―이 말은 사실 광저우인을 부끄럽게 만든다. 사실이 아니라 아름다운 환각이기 때문이다. 의식 있는 사람이 광저우에서 지내기 몹시 고통스럽다면, 광저우에 있는 의식 있는 사람도 겪는 고통은 적지 않다. 문제는 의식 있는 사람이 무엇 때문에 광저우를 동경하는가 하는 것이다. 광저우의 상부 구조는 정말로 '우수'한가? 이 점에 있어서는 광저우를 동경할 필요

가 없다. 광저우는 우수하지 않다.

 광저우는 활기찬 도시다. 경제는 발전하고 포용력은 크다. 광저우인은 자신의 개성을 드러내기 좋아하지만, 단체의식은 상대적으로 약하다. 광저우는 젊은 도시고, 기회가 많다. 젊은이가 7, 80%를 차지하고, 생활 리듬이 빠르고, 높은 가치를 창조할 줄 안다. 하지만 생활은 다소 천박하다. 예를 들면 베이징인은 가로수 길의 낙엽을 밟으며 사색에 잠기지만, 광저우인은 그런 심미적 삶이 부족하다. 하지만 광저우인은 인생을 즐기는 방법을 알고 있기에, 애써 벌어들인 돈을 기꺼이 소비한다. 외지 여행을 즐기는 것은 한 가지 사례다.

 ―청년계층이 늘어나면서 기회는 상대적으로 줄었다. 가로수 길에서 낙엽을 밟는 것이 심미적 삶이라면, 나무로 지은 찻집에서 남방의 음악을 듣는 것은 심미적 삶이 아닌가? 외지여행이 성행하는 것은 사실이다.

 광저우에 간다.
 광저우에 간다.
 수많은 젊은이가 봇물처럼 광저우로 향한다.
 오늘밤만 별빛이 찬란하고
 청춘은 금세 시들지라도
 후회하지 않기를 바랄 뿐이다.

―예전에 하이난도海南島에 갔다가 이 노래를 들었다. 문화대혁명 당시에는 농촌에서 이 노래를 불렀고, 그 이전에는 옌안延安에서 이 노래를 불렀다. 목적지가 성지聖地이기에, 청춘이 지나가더라도 후회는 없다. 이런 충동을 지닌 사람일수록 빨리 환상임을 깨달을 것이다.

광저우인의 전반적 인상은 선량하고 유머러스하고 시원시원하다. 광저우인은 세상 모든 것에 대하여 "사랑 받든 능멸 당하든 놀라지 않는" 자세를 갖고 있다. 광저우인은 쉽게 어울릴 수 있고, 실질적 정신을 지녔으며, 사소한 것을 시시콜콜 따지지 않는다. 광저우는 창조력을 지닌 도시이기에, 시간이 지나면 '광저우인이 되어도 좋겠다'는 생각이 들 것이다. 믿을 수 있겠는가?

―확실히 그렇다.

40 국제적 대도시를 지향하며

광저우 성립 2210주년에 즈음하여, 광저우 주재 외국 영사들이 광저우의 발전에 대한 날카로운 견해를 내놓았다는 신문보도가 있었다. 몇몇 흥미로운 발언을 소개하고 논평함으로써, 광저우의 발전에 관심 있는 이들이 보다 더 관심을 갖게 되기를 기대한다. 먼저 광저우 주재 캐나다 총영사가 한 말이다.

> 광저우시는 국제적 대도시로 발돋움하는 과정에서 몇 가지 관심을 기울여야 할 점이 있다. 광저우는 '꽃의 도시'(花城)라는 아름다운 별명을 갖고 있지만, 꽃은 갈수록 줄어들고 녹지도 찾아보기 어려워진다. 광저우는 역사와 문화유산의 보호에도 관심을 가져야 한다. 구시가지 재개발 과정에서 링난嶺南 도시의 특징인 기루騎樓[78] 일부가 헐렸고, 역사를 돌아볼 수 있는 몇몇 오래된 건축물도 철거되었다. 안타까운 일이다. 또 옛 상가거리의 보존에도 관심을 기울여야 한다. 동남아시아의 도시, 특히 싱가포르의 옛 상가거리는 관광객이 즐겨 찾는 명소다.

─사실 이런 문제는 다른 사람이 지적할 필요조차 없는 일이다. 꽃이 줄어들고, 기루가 사라지고 있지만, 스스로 안타까워하는가? 옛 상가거리는 시관西關 일대에 일부 보존되어

[78] 건물의 인도 쪽으로 튀어나온 베란다. 혹은 길이나 골목 위를 가로질러 있는 건물.

있지만 본래의 모습을 어떻게 보존할 것인지가 문제다.

> 국제적 대도시에는 공인된 대표적 건축물과 도시의 상징물이 필요하다. 베이징에는 천안문 광장이 있고 상하이에는 인민광장이 있다. 광저우의 상징은 무엇인가? 하이저우 광장인가? 잘 모르겠다. 도시에는 시민들이 함께 모여 자신의 생각을 피력할 장소가 있어야 한다.

―광저우에는 명실상부한 광장이 없다. 하이저우광장은 거리 한복판에 있는 화단에 불과하다. 광저우에는 집회를 열 수 있는 광장이 없다. 광저우의 상징물은 있다. 하나가 아니다. 예전에는 월수산에 있는 오양석조五羊石雕나 광저우의 해방을 기념하여 만든 병사상兵士像을 광저우의 상징물로 여겼다. 현재는 새롭게 공인된 것이 없는 것 같다. 비즈니스 빌딩은 문화적 의미에 있어서 전설이나 혁명 같은 것과는 비교가 되지 않는다. "도시에는 시민들이 함께 모여 자신의 생각을 피력할 장소가 있어야 한다."는 말은 나를 숙연하게 만든다. 하지만 내가 잘못 이해했는지는 모르겠지만, 그런 곳은 진작부터 있었으니, 바로 중국의 크고 작은 도시 어디에나 있는 인민대표대회 의사당이 그것이다. 그렇다면 캐나다 영사가 '있어야 한다'고 한 것은 어떤 의미일까?

> 광저우는 이미 국제적 대도시가 되었다. 화난華南 지역 내지 중국 전역의 비즈니스 중심지다. 광저우의 월스트리트로 불리는 신개발지구 톈허구天河區는 많은 대기업의 발전기지가 될 것이다.

―우리가 세운 목표를 남들은 이미 도달하였다고 하니, 좋아해야 할지 어리둥절해야 할지 알 수 없다. 하지만 이런 목표를 내세운 지도자들에게 한 가지 사실만큼은 분명하게 인지시켜야 한다. '국제적 대도시'를 운위하는 것은 모호한 구호일 뿐이다. 20××년도에 '국제적 대도시'에 진입한다는 '거창한 목표'를 내놓는데, 이는 지능이 낮은 행동이다. '광저우의 월가' 운운한 것은 '동방의 베니스'니 '남해의 하와이'니 하는 식의 전형적인 중국식 표현법이다. 캐나다 영사는 중국에 정통한 인물로, 중국인의 심리와 새로운 시대의 상상력을 담은 언어수사법을 잘 터득한 것으로 보인다. 몇몇 중국인은 이 말을 기꺼이 타인에게 퍼뜨렸을 것이고, 특히 톈허구의 부동산 광고 앞에서도 그렇게 말했을 것이다. 언젠가는 중국의 영사가 캐나다인에게 '오타와의 톈허구'라고 말할 날이 있을 것이다.

다음은 광저우 주재 독일 총영사 짐머만이 한 말이다.

상하이와 광저우는 모두 외국기업에게 매력 있는 도시지만, 두 도시를 비교하면, 상하이가 여러 방면에서 우세하다. 특히 산업기반이 아주 탄탄하다. 반면 광저우는 자신의 스타일을 지니고 있다. 공업·상업·대외무역·다양한 국제적 커넥션 등은 상하이와는 다른 자신의 개성을 보여준다. 개성을 지녔다는 점은 매우 고무적인 것이다. 광저우는 세계 비즈니스의 중심지 가운데 하나가 되어야 할 것이다.

―간단명료하면서도 정곡을 찌르는 비교다. 도시의 개성은 도시의 영

혼이다. 중국 도시는 온갖 곡절을 거치며 발전했는데, 가장 큰 병폐는 '전체적 발전'을 위해 개성을 희생시킨다는 점이다.

평범한 독일인과 유럽인 가운데 광저우라는 도시를 아는 사람은 드물다. 다만 비즈니스업계의 사람들에게 잘 알려졌을 뿐이다. 광저우에 비해 상하이는 훨씬 잘 알려져 있다. 전통적으로 독일의 비즈니스계는 상하이를 열망하였고, 지금도 마찬가지다.

—광저우는 개혁개방의 최전선이자, 세계의 수많은 도시들과 결연을 맺었고, 매년 봄과 가을에 두 차례 개최하는 수출박람회에는 오대양 육대주에서 1백 개국 이상이 참가하는데, 어떻게 광저우를 모를 수 있는가라고 생각하는 사람이 많지만, 나는 영사의 말이 사실이라고 생각한다. 평범한 유럽인 가운데 광저우를 아는 사람은 매우 드물다. 예전에 영국에서 광저우를 아는지 물어보았더니, 한 신문사의 부사장을 제외하고는 모두 난감한 표정을 지었다.

중국의 도시에 비하면 독일의 도시는 너무 작고 너무 조용하고 너무 오래되었고 너무 변화가 느리다.

—네 차례에 걸친 '너무'라는 말에 마음이 끌리지만, 생각은 정반대로 치닫는다. 대도시는 공사의 열기로 가득하고, 하루가 다르게 달라진다.

중국의 도시는 인구과잉 문제가 매우 심각하여 개발에 박차를 가할 수밖에 없고 빠른 속도로 변모하는데, 이는 독일과는 매우 다른 점이다.

―중국에서 도시발전 문제는 어려운 숙제다. 도시의 규모를 확대할 것인지 제한할 것인지, 도시 인구와 농촌 인구의 관계를 어떻게 조정할 것인지, 도시가 빠르게 변모하는 것이 좋은 것인지 나쁜 것인지는 단언하기 어려운 문제다. 급격한 변화가 합리적인 것인지, 계획은 완벽하고 관리는 엄격한지가 중요한 문제다. 안타깝게도 답안은 그렇지 못할 것이다.

광저우는 이미 국제화된 도시다. 홍콩·런던·뉴욕 등과 어깨를 나란히 하지는 못하지만, 중국의 여느 도시에 비하면, 이미 상당한 정도로 국제화되었다.

―또 '이미'다. 쓰촨성 청두成都 공항에서 라사행 비행기를 기다리던 일이 생각난다. 영어, 불어 혹은 다른 알아들을 수 없는 말을 쓰는 승객들로 "라사는 아주 국제화된 곳이구나."라는 느낌이 들었다. 국제화는 자연스럽게 이루어질 것이다.

다음은 광저우 주재 호주 총영사 제나 암스트롱이 한 말이다.

상업과 무역에 있어서 광저우는 국제적 성격을 지닌 도시임에 틀림없다. 중국 최초로 국제무역박람회를 개최하였고, 이제 광저우무역박람회는 국제적 명성을 누리며 세계의 상인들을 불러들인다. 하지만 국제적 대도시는 경제적 측면만이 아니라 문화를 비롯한 여러 방면에서 세계의 중심 도시가 되어야 한다.

―'틀림없다'다. 더 이상 의문을 갖지 않아도 된다.

한나라와 당나라 때에 이미 국제화된 항구도시 광저우는 '해상 실크로드'의 출발점이자 상품의 집산지였다. 당나라 때에는 근대의 세관과 유사한 '시박사市舶使'라는 기구가 설립되었고, 외국 상인의 전용거주지인 '번방藩坊'이 설치되었다. 문화적으로 세계의 중심 도시가 되는 것은 쉽지 않을 것이다. 물론 어떤 문화를 가리키는 것인지 범주를 설정할 필요는 있다.

41 광저우의 새로운 영웅

광둥 TV에서 제작한 드라마 「영웅무회英雄無悔」[79]는 전국적으로 여러 차례 큰 상을 받았다. 냉정하게 말하면, 이 드라마는 예술적으로는 내세울 만한 것이 없지만, 줄거리와 가치관을 살펴보면, 정부당국이 요구하는 광저우인의 새로운 영웅관이라고 할 수 있다.

「영웅무회」는 극찬을 받을 수도 있고 무시당할 수도 있지만, 극찬을 받든 무시당하든 모래가 손가락 사이로 흘러내리듯 그렇게 사라질 것이다. 관념의 틀에 고정시켰을 때에만 비로소 그것이 갖는 고충과 의미가 사고에 기대어 드러난다.

역사적으로 집단의식에 있어서의 영웅관을 더듬어보자. 우리 세대의 성장과정에서 영웅주의는 중요한 모티프였다. "인민영웅은 영원하다."는 기념 글귀에서 영웅관이 지닌 가치의 핵심과 심미적 차원을 다졌다. 전투영웅의 이야기가 있었고, 익숙한 영웅의 모습·차림새·말투·동작이 있었기에, 영웅은 우리의 마음속에 깊이 자리 잡았다. 그런 영웅관은 정의·숭고·헌신 같은 관념으로 단순화되었지만, 그것이 지닌 강한 심미적 역량은 부인할 수 없었으며, 낭만주의 기질에 기대야만 공리적 효과를 얻을 수 있었다는 것도 부인할 수 없다. 그러므로 그런 영웅관은 그 시대—열정적이면서도 맹목적이고, 단순하면서도 유치하고, 충동적이면서도 제멋대로이던 시대—의 정신을 반영한 것이었다.

그런 영웅관이 맞닥뜨린 첫 번째

---

[79] 1996년 제작된 TV 드라마로, 난빈시 공안국장 가오톈을 통하여 개혁개방의 세찬 물결 속에서 정의와 양심을 지키는 새로운 영웅상을 제시하여, 세상에 경종을 울린 작품이다.

언어 전복은 '비림비공批林批孔'[80]이 전개되는 가운데 등장한 '영웅사관'이라는 개념이었다. 그런데 그것은 사회변화에 따른 것이 아니라 권력투쟁에 따른 관념의 충돌로 말미암은 것으로, 언어의 표층에서 영웅의 개념을 뜯어고친 것일 뿐, 본연의 영웅관이 연루된 것은 아니었다.

영웅숭배를 타파한 진정한 힘은 인간의 본성에 대한 심리학적 분석에서 비롯되었다. 존 로크[81]의 제자 맨더빌[82]은 이렇게 주장했다.

"정치가들은 인간의 본성에 있는 허영심을 이용한다. 미덕을 내세워 따르는 자에게는 온갖 영웅의 칭호를 줌으로써, 상상 속의 만족을 얻고 현실의 이익을 가볍게 여기도록 부추긴다. 정치가들은 가만히 앉아서 남이 거둔 성과를 누린다."

또 이렇게 말했다.

"고대 로마시대에는 어째서 많은 헌신적인 영웅들이 나왔는가? 그것은 당시 로마인의 성대한 개선행진, 죽은 자나 살아남은 자에 대한 장엄하고 화려한 기념비·조각상·명문銘文에서의 찬사를 보면 알 수 있다. 영웅의 미덕은 명예심을 선동한 것에 지나지 않는다."

맨더빌의 논리는 각박하기는 하지만, 진리를 언급한 것임에는 틀림없다.

새로운 시대에도 집단의식에 담긴 영웅관은 여전히 변함이 없어서, 사람들은 격앙하고 정기가 넘치고 뜨거운 피가 솟구치는 영웅에게 희망을 건다. 지금 진행되는 중국의 변화는 중국 현대사에서 가장 강렬하

---

[80] 1973년 말부터 공산당 부주석 임표(林彪)가 지배계층의 입장을 대변한 공자(孔子)의 사상을 당의 노선에 도입하여 자본주의 부활을 시도하였다고 비판한 움직임을 말한다.
[81] John Locke, 1632~1704. 영국의 철학자. 경험주의 철학의 창시자.
[82] Bernard de Mandeville, 1670?~1733. 영국의 의사, 사상가. 인간의 도덕적 약점과 욕심에 따른 소비가 부의 축적, 실업 해소, 경제 발전을 가져온다고 주장했다.

고 전면적인 것이다. 시장경제화와 글로벌화를 중심축으로 삼는 새로운 변화는 그 자신의 영웅을 만들어내게 마련이다. 이런 관점에서 볼 때, 새로운 영웅을 찾는 「영웅무회」가 중국에서 시장경제가 가장 앞선 광저우에서 나온 것은 결코 우연이 아니다.

광저우인의 새로운 영웅관과 전통적 영웅관의 차이점은 우선 시대가 다르다는 것이다. 사상성의 약화와 가치관의 다원화는 자신이 선택한 새로운 영웅주의를 만들 것이다. 「영웅무회」에서 영웅적 인물인 공안국장(公安局長:경찰서장) 가오톈高天은 일원적 가치관 아래에서 선택의 여지없이 '성장'한 결과물이 아니라, 다원적 이익과 가치를 놓고 스스로 선택한 결과물이다. 그는 이성적 가치와 감정적 승낙에 근거하여 귀대歸隊했기에 후회가 없다. 자신의 행위를 선택하고 자신의 의지를 중시하는 것은 광저우인이 가장 중요하게 여기는 가치관이다.

이성적 선택과 감정적 귀착을 중시하고, 복종보다 선택을 강조하는 광저우인의 새로운 영웅관은 개방적인 영웅관이다. 영웅과 비영웅은 선진과 낙후의 관계가 아니라 다양한 선택의 합리적 공존이므로 더 깊은 이해와 관용을 부른다. 전통적 영웅관의 단순하고 평면적 '성장 토양'에 비하여 새로운 영웅관은 영웅의 복잡한 생존환경을 정확히 꿰뚫는다. 광저우의 다원적이고 개방적 사회로의 변화는 더욱 복잡한 사회환경을 가져올 수밖에 없기 때문에, 광저우인의 새로운 영웅관도 급격하게 변모하는 세태와 영웅 본연의 모습을 어떻게 조화시킬지를 스스로 깨닫게 만들 것이다.

시장경제사회에서 찾는 영웅은 결국 자신의 강렬한 낙인을 남기려고 하는데, 이는 영웅의 의지로 바뀌는 것이 아니다. 「영웅무회」의 가오톈은 도덕적으로 영웅이자 업무에 있어서는 인재다. 사실 후자에 이르려면, 판박이 같은 도덕적 요구를 팽개치고, 세상의 게임 규칙을 받아들여야 한다. 사회가 변하면서 영웅에게도 업무에 있어서 인재가 되기를 요구하는데, 그것은 어째서 지금은 경제적 강자가 영웅의 모범이 되는지를 보여준다.―그들은 일찍이 비지땀을 쏟으며 용광로 앞에서 열심히 일하지 않았던가!―

그런데 이런 영웅관은 도덕적 역량이나 정의감, 그리고 낭만적 기질이 떨어진다. 이 또한 광저우인의 새로운 영웅관이 예술적 심미에 있어서, 고전적 영웅관과는 확연히 다른 까닭이다.

'높고, 크고, 전면적' 인 영웅 모델을 팽개치고 이제 우리는 '내게 젖을 먹여주는 사람'[83]이 영웅인 시대를 맞이하고 있다.

「영웅무회」에서 가오톈은 여전히 정의감에 넘치는 도덕적 영웅으로 등장하지만, 현실의 광저우에서 살아가는 사람들은 어떤가? 능력이나 재주는 문제가 없지만 도덕심은 장담할 수 없다. 「영웅무회」에서 보여준 한 장면은 의미심장하다. 부상당한 류구이톈劉貴田은 상을 받는 것이 당연하다. 그는 뇌물로 회유하는 것에 흔들리지 않아서 뇌물로 제공하려던 금액의 2배를 포상금으로 지급받는다. 이는 비즈니스에서의 매수와 역매수에 해당되는 것인데, 이 또한 사회 변천과정에서 나타나는 영웅의 형상일까?

사회가 이성·진보·박애를 지향한다면, 새로운 영웅관도 선善과 미美를 지향할 것임에 분명하다. 광저우인의 새로운 영웅관은 이런 기로에 서 있다. 광저우인의 새로운 영웅관에 대하여 우리가 가질 수 있는 더 큰 기대는 어떤 것일까?

---

[83] "젖을 주는 사람이 바로 어머니다."(有奶便是娘)라고 하는데, 이익만 된다면 아무에게나 아부하며 빌붙는다는 의미다.

42 '문화 건설'의 폐단

1990년대 이후, 광저우에서는 '문화 건설'이 붐을 이루었지만, 열기와 더불어 부작용도 나타났다. 지금은 '문화'를 운위하는 것이 아주 난처한 일이 되었다. 한편으로는 문화에 대한 인식이 보편화되어서, 위로는 '세기적 문화 프로젝트'에서 아래로는 '간장 문화'니 '목욕 문화'니 하는 식으로 '문화'가 범람한다. 그래서 하늘도 남몰래 웃고 식견 있는 학자들은 아예 입을 다문다. 다른 한편으로는, '문화'는 시대의 폐단처럼 되었다. 저급한 사욕에 사로잡혀 '문화'의 이름을 빌려 신나게 판을 벌인다. 양심 있는 사람이라면 못 본 체할 수 있겠는가? 광저우의 문화 현상과 미래를 토론하는 것이 얼마나 어려울지 충분히 상상이 간다. 추켜세울 수도 없고 깎아내릴 수도 없으니, 마치 뜨거운 감자를 들고 있는 것만 같다.

문화가 없던 시절에는 문화를 외치면 달려 나올 것만 같더니, 이미 도래한 뒤에는 '문화'가 시대적 폐단이 되었다는 사실을 새삼 발견한다. 그 폐단은 다방면에서 나타나지만 주요한 것만 언급해 보자.

첫째, '하드웨어'만 중시하고 '소프트웨어'는 가볍게 여긴다. '하드웨어'는 우뚝하고 화려한 고층빌딩이다. 기공식은 오색 테이프로 화려하게 치장하고, 개관식에는 하객들이 구름처럼 몰려든다. 담당 관리의 이력에는 '문화적 업적'이라는 명예가 더해진다. '소프트웨어'가 어떤지, 효과가 어떤지는 오직 하늘만이 알 뿐이다. 도서관 여러 곳을 새로 개관하였는데, 새로 지은 건물만 있고 들여놓은 책은 없다는 소문도 있고, 심지어 한 해 동안 단 한 권의 신간 도서도 구입하지 않은 곳도 있다고 한다. 새로 개

관한 도서관에는 직원이 필요한데, 여기에는 인건비가 들어간다. 그래서 '도서관으로 도서관을 부양하는' 일이 생긴다. 도서관에 각종 스튜디오·카페·쇼핑코너·주차장 따위를 만들어 영리행위를 하는 것이다. 또 다른 예를 보자. 많은 비용을 들여 박물관을 새로 지었지만 소장품과 연구 경비는 부족하고 그마저도 형편이 갈수록 나빠져 제대로 된 발굴 작업이나 간행물 발간조차 어려운 실정이다. 또 특정 화파畵派나 '대가大家'의 기념관을 짓는 것은 앞을 다투지만, 실질적인 연구를 진행하기란 이만저만 어렵지 않다. 이 모두는 본말이 전도된 것으로, 그 이유는 말할 필요도 없다.

둘째, 북적대는 것을 중요하게 여기고 조용한 것을 가볍게 여긴다. 갖가지 '문화 행사'가 열리고, '성대한 행사'가 빈번하게 개최되지만 모두 천둥소리만 요란할 뿐 비는 찔끔 내리는 식의 빛 좋은 개살구에 지나지 않는다. 엄청난 비용을 들여 개최한 광저우국제영화제는 국내외 스타들이 운집하여 며칠 동안 요란한 행사가 열렸지만, 막상 행사가 끝나자 어떤 효과를 얻었는지는 아무도 거론하지 않았다. 단지 거리에 남겨진 온갖 구호와 광고포스터만이 수많은 납세자에게 이런 행사가 있었음을 일깨워줄 뿐이었다. 걸핏 하면 막대한 비용을 들여서 거창하게 벌이고 대대적으로 홍보하는데, 마치 이렇게 하지 않으면 '문화 발전'에 대한 열정을 내보일 수 없는 것처럼 생각하는 것 같다. 때문에 각종 '포럼'이니 '페스티발'이니 하는 것은 해가 갈수록 요란해지고, 회차가 거듭될수록 규모는 성대해진다. 그런 가운데서 또 이런저런 방면에 신경을 기울인다. 예를 들면 어느 부서가 주관할 것인지, 누구를 고문으로 위촉할 것인지, 기념 문구는 누구에게 요청하여 쓸 것인지, 어떤 직급의 공무원이 참석할 것인지, 어떤 기업이나 외국 상사가 협찬을 할 것인지 하는 것이다. 적막한 양서良書, 묵묵한 연구자, 소리 없는 군중을 염두에 두는 사람은 아무도 없다. 성황을 이루어야 하고 아울러 위풍이 있어야 한다. 그래서 경찰에 요청하여 패트롤카로 에스코트를 하고 경호원을 고용하여 주변을 삼엄하게 경비한다. 진정으로 문화를 축적하는 것은 적막하고 민감하다. 따라서 사방에 위풍을 떨치고 떠들썩하게 펼치는 것은 빛을 더하기는커녕 오히려 부끄러울 따름이다.

셋째, 실리를 중시하고 도의를 경시한다. 각종 '포럼'이나 '페스티발'은 이익을 낼 수 있다고 예상되어야 한다. 행사를 치른 뒤에 가장 중요하게 따지는 것이 바로 흑자인지 적자인지를 결산하는 것이다. 행사기금을 모으고, 협찬업체를 찾고, 홍보를 하고, 리베이트를 건네고, 부스를 분양하고, 공식숙소를 결정하고, 명승지를 관광하고, 자문비·출장비·제작비·진행비·교통비·홍보비·식비·의상비·선물비 등을 계산한다. 번잡하지만 현실적인 것으로 많은 사람의 마음이 들뜬다. 각종 '포럼'이나 '페스티발'을 주관하는 사람들은 가슴에 손을 얹고 생각해 보라. 전체 비용 가운데 어느 정도가 기관이나 개인―주최자와 진행자 내지 관계자―의 호주머니로 들어갔고, 어느 정도가 광저우의 문화 건설에 쓰였는지. 폐막식에서 참석자들이 모두 환호했는지 아니면 분노했는지. 진정한 트래지코미디[84]가 정식으로 무대에 오른다. 「문화를 무대에 올려서, 상업과 무역을 공연한다.」는 구호는 그야말로 언어유희 속의 문화이자 문화를 짓밟는 것이다. 비용이 없으면 문화행사를 열 수 없다는 것은 누구나 알지만, 돈만

[84] tragicomedy. 비극적이면서도 희극적인 연극.

가지고서 문화를 이루는 것은 더욱 불가능하다는 이치는 생각해 본 적이 있던가?

광둥 지방은 경제는 발전했지만 문화적 방면에서는 정체되고 낙후되었다는 사실을 인정하지 않을 수 없다. 이것을 어떻게 개선할 것인지 진지하게 연구하고 또 실천에 옮겨야 한다. 광둥 지방에도 문화가 존재한다는 것을 보여주고자, 자신의 임기 중에 '문화적 업적'을 만들고자, '하드웨어'를 붙잡아 '성대한 행사'를 펼쳐 명성과 위세를 조작함으로써, 한순간 문화가 향상된 것처럼 보인다. 하지만 속은 텅 비고 기력은 부족하여 꽃은 피지만 열매는 맺지 않고, 게다가 온갖 폐단이 드러난다. 광둥 문화의 진정한 수준은 이브닝 파티·TV 드라마·대형 조각품·각종 문학수상작에서 여실히 드러난다. '대도시'를 향한 겉치레를 줄이고, 새로운 세기에 대한 원대한 포부와 감정을 얼마쯤 걷어낸다면─'문화'에 대한 언급 자체를 아예 줄이고, 도서관을 알차게 만들거나, 대학교를 설립하거나, 양서를 출판하는 그런 일부터 시작하라.─ 광둥 지방의 문화는 진작될 것이다.

신문보도에 따르면, 천문학적 비용을 들여 광저우문화센터─센터에서 중심이 되는 것은 도서관이다.─를 건립하려고 한다는데, 정말 당혹스러운 일이다. 지금 광둥 지방에 부족한 것이 콘크리트로 만든 이런 껍질인가?

나의 의문에 답하기라도 하는 것일까? 근자에 몇몇 신문에 실린 글은 마치 약속이라도 한 것처럼, 광저우 문화는 아직은 하드웨어가 부족하다고 주장한다. 물론 광저우 문화의 하드웨어는 파리나 런던 등지에 미치지 못한다는 사실을 잘 알고 있다. 그렇지만 지금 있는 하드웨어는 충분히 활용하고 있는가? 식견 있는 분들께서는 제발 심사숙고한 뒤에 논하시길 바란다.

43 전통과 현대화의 길목에서

현대 중국의 대도시 가운데 광저우는 전통문화의 색채를 많이 보존한 편이다. 광저우인의 생활에는 언어·음식·건축양식·가족관념 등 전통문화의 특징이 많이 남아 있다. 그러나 문화적 뿌리가 같고 광둥 지방과 보조를 맞추는 홍콩이 현대적 대도시의 모델이 되면서 광저우인은 전통의 계승과 현대화라는 문제에 직면하게 되었다. 그리 어려운 문제는 아닌 것처럼 보이지만, 구체적 사례에서 가치관의 변화를 살피고, 전통의 뿌리에 현대화의 가지를 접목하려면, 모순과 갈등은 피하기 어렵다.

월어粵語를 예로 들어보자. 어떤 이는 "월어를 사용하는 사람은 보수적이고 폐쇄적인 사유방식을 갖기 쉽다. 월어는 전통적으로 광저우인이 서로를 동일시하게 만들었기에, 자연히 다른 언어를 사용하는 사람에게는 배타적 심리를 드러내며, 나아가 현대적 관념에 대하여 저항감을 가질 수밖에 없다."고 말한다. 방언 연구의 관점에서 본다면, 이런 주장은 나름의 타당성이 있다. 그렇지만 이것으로 광저우인의 가치관이나 사유방식을 입증하기에는 무리가 따른다.

사실 광저우인은 월어를 아끼지만 그렇다고 보통화普通話를 거부하지는 않는다. 장사를 할 때는 더욱 그렇다. 게다가 월어는 흡인력이 강해서 외래어의 어휘를 받아들여 표현능력을 풍부하게 만든다는 점은 주목할 만하다. 월어가 광저우인의 현대화 지향에 있어서 언어적 장애가 된다는 것은 근거가 없다. 월어를 공용어로 사용하는 홍콩인이 그 반증이다. 그러나 한 걸음 나아가 월어와 엘리트문화와의 관계를 살펴보면, 둘 사이에는 긴장감이 존재함을 알 수 있다. 월어는 실용적 이성을 표현하기에 적합하고, 비즈니스나 서민적 경험을 처리하기에 편리하다. 예전에 월어를 구사하여 '서민시장'이라는 애칭을 얻은 광저우의 전임시장은 공식석상에서 보통화를 사용하려고 애쓴 공로로 보통화보급상을 받았다. 하지만 보통화의 제창과 월어의 고수가 공존할 수 있을까? 언어의 전통은 지키거나 버리는 것인데, 서로 본뜨고 보완하여 접목할 수 있을까?

또 한 가지 예를 들어보자. 광저우인의 음차飮茶 습관은 외지인과는 사뭇 다르다. 광저우인이 차를 마시러 간다는 것은 단순히 차만 마시는 것이 아니라 각종 주전부리를 먹는 행위가 포함된다. 이는 광저우 음식문화의 전통으로, 생명력이 여전하다. 서양음식이나 서구식 패스트푸드의 유행은 결코 전통적 음차방식을 바꾸지 못하고, 광저우인에게 선택의 기회를 늘려줄 뿐이다. 음차와 서양음식은 서로 어울릴 수 없다. 찻집의 환경도 서양식 레스토랑과는 전혀 다르다. 이는 단순히 중국과 서양의 문화적 차이만은 아니며, 전통과 현대의 관념적 차이가 존재하는 것이다. 차를 마심에 있어서의 시간개념은 산업화 이전의 산물인데, 그것이 유지되는 것은 홍콩인이나 해외에 거주하는 중국계 사람들이 보여주듯이 전통에 대한 일종의 승인이다.

외지인들은 광저우인이 전통을 고수하기 때문에 현대적 가치관을 받아들이지 못할 수도 있다고 생각한다. 하지만 광저우 토박이인 내가 보기에 전통은 쇠퇴의 조짐을 보이고 있다. 이제 생활 속에서의 전통은 겉으로 드러나는 것에만 남았을 뿐이다. 중요한 것은 사람들의 선택에 있어서, 전통이 어떤 가치를 지녔는가를 살피는 것이다. 선택할 수만 있다면, 현대의 광저우인은 대부분 톈허구 같은 신시가지에 살기를 원할 것이다. 새로 지었고, 관리가 잘되고, 시설이 좋은 곳에서 살려고 하지 낡은 시관西關 거리의 구식 가옥에서 살기를 원하지는 않는다. 새롭고 현대적인 것은 기능적인 부분은 물론 미적 감각에 있어서도 훨씬 매력이 크다. 당장 제공되는 현실적 문제 때문만이 아니라 개인의 꿈을 허락해 준다는 국제화된 대도시의 신화 때문이기도 하다. 따라서 사람들은 이런 꿈을 이루기 위하여 주저 없이 전통을 내던질 것이다.

한 가지 재미있는 사례가 있다. 미국에서 돌아온 대학 동기의 경험담이다. 광저우의 창도長島에 있는 한 요양원에 수영장을 만들려고 주변의 넓은 대숲을 베어내고 타이완에서 수입한 잔디를 심으려고 하였다. 그런데 요양원 고문으로 위촉되어 현대화 사업에 대해 자문을 하던 동기는 대숲을 베고 잔디를 까는 것에 반대했다. 요양원 측은 '현대적인 요양원을 세우려 한다'는 이유를 내세우며, 당초의 계획을 고집했다. 대학 동기는 이렇게 말했다. "그 사람들은 분명 제정신이 아니다. 무엇 때문에 자연 그대로의 대숲을 '현대적' 요양원에 둘 수 없다는 말인가?"

이런 사례를 통하여 많은 이들, 특히 지도자들이 의도하는 '현대화에 대한 인식'을 잡아낼 수 있다. 바로 인위적인 치장·자연생태의 제거·경관의 대폭 개조 같은 것이다. 그리고 그 결과로 생기는 질병·소음·교통문제·치안문제·경관파괴와 같은 각종 폐해는 지불할 가치가 있는 '대가'라고 생각한다.

이제 전통과 현대화에 대한 생각은 더욱 복잡해진다. 인류의 역사를 보면, '현대화'가 결코 행복한 삶을 가늠하는 잣대가 되지는 못한다. 더욱

이 지역이나 민족에 따라 '현대화'에 대한 이해는 사뭇 다르다. 광저우인의 '현대화'에 대한 추구는 여러 관점에서 보았을 때, 아주 맹목적이다. 더욱이 광저우인이 서 있는 전통과 '현대화'의 갈림길이란 애당초 표현 자체에 문제가 있는 것인지도 모른다. 즉 현실의 광저우인이 두 가지 개념을 어떻게 이해하는지를 파악하는 것이 선행되어야 한다는 말이다. 아무튼 막연히 '현대화'와 '국제적 대도시'를 소리 높여 외쳐서는 아니 되며, 보다 신중하고 다양한 비판적 사고를 통하여, 광저우가 직면한 현재와 미래를 비판하여야 한다.

44 '광저우 문화' 단상

많은 사람이 모여드는 번화가의 모습을 볼 적마다, 광저우 문화의 현실을 생각하게 된다. 전혀 낯설지 않은 도시지만, 이 도시를 생각하면 늘 마음이 불안하다. 갈피를 잡기 어려우면서도 생기가 넘치는 독특한 분위기는 무어라고 표현하기 어렵다. 광저우의 문화에 대한 수년에 걸친 토론은 별다른 수확이 없었지만, 광저우 문화에 대한 이성적 사고는 광저우의 학자에게 주어진 피할 수 없는 과제다.

'문화'라는 것은 사실 복잡하고 골치 아픈 개념이다. 누구나 '문화'에 대해 개인적 의견을 내놓을 수는 있다. 전문적 소양이 없더라도 근사한 견해를 내놓을 수 있을 것이라고 생각된다. 그러나 토론을 하려면 '문화'의 개념에 대한 정의를 내려야 한다. '문화'에 대한 학자들의 정의는 매우 다양한데, 대표적인 몇 가지 견해를 소개하면 다음과 같다. 첫째, 땅을 갈고 김을 매어 농사짓는 것이다. 역사학에서의 관점이다. 둘째, 개성을 기르는 것이다. 심리학의 범주에 속하는 것으로, 낭만주의 시대에 독일어권에서 유래했다. 셋째, 문명화된 인류의 모든 활동을 가리킨다. 사회학자들의 인식이다. 넷째, 문학·예술·교육 등의 활동이다. 또 '대중문화'·'엘리트문화'·'문화산업'처럼 '문화'의 앞이나 뒤에 각종 수식어를 더한 경우도 많아서, '문화'에 대한 정의는 토론 범주에 따라 상대적으로 규정할 수 있다는 것만큼은 분명하다. 따라서 지금의 논제에서는 '문화'란 특정한 가치관념·신앙·지식·처세술 같은 사유방식과 행위방식을 포함하는 것이라고 규정할 수 있다. 이러한 개념을 전제로 할 때, 광저우에는 문화가 존재하는가? 광저우의 문화는 사막화되었는가? 하는 것을 두루뭉술하게 언급할 수는 없다. 또한 걸핏 하면 말하는 것처럼, 남방이 어떻고 북방이 어떻고—문화란 지역적 특색을 지니게 마련이다. 뒤에 자세히 말하겠다.— 하는 식으로 말할 수도 없다. 문화는 인간과 떨어질 수 없고, 인간의 존재는 인간의 문화적 존재를 규정하기 때문에, 문화를 연구한다는 것은 인간의 존재 상황을 연구하는 것이다. 그러므로 가능한 정확하게 기술하려고 노력할 수 있을 뿐이고, 도덕적 판단을 덧붙이는 것은 옳지 않지만, 문화의 본질에 대해서는 평가가 있어야 한다.

'광저우 문화'에 대한 여러 가지 토론은 사실 동일한 개념 층위에서 이루어지는 대화는 아니다. 예를 들면 문화와 노동을 같은 것으로 여기거나, 광저우 문화와 상품경제를 동일시하여 역사의 진보라는 결론을 내리거나, 연해沿海의 문화와 내륙의 문화와 대응시켜 '선택의 어려움'에 부딪치거나, 지리적 환경—중국과 서구—·시대—옛날과 지금—·물질과 정신을 문자상에서 묶어 '무한한 생명력'의 복음이라고 선언하거나, 엘리트와 대중을 확연히 나누어 양춘백설陽春白雪[85]과 하리파인下里巴人[86]의 탄식을 불러오는 등이다. 때로는 교만함과 자만심이 흘러넘친다. 주관을 갖는 것은 괜찮지만, 때로는 가치판단에 있어서 주관은 전혀 없고 아첨만 늘어놓기도 한다. 애매하게 지역개념을 붙잡고 늘어지는 것도 이해가 되지 않는다. 뛰어난 학자 몇몇이 광저우로 이주하면 마치 광저우에 문화가 존재하게 될 것처럼, 광저우 문화에는 문제작이 부족하다며 불만을 터뜨리기도 한다. 전반적으로 볼 때, 모두가 '역사

---

[85] 전국시대 초(楚)나라의 고급 음악 이름. 고상한 문학이나 예술의 비유로 쓰임.
[86] 전국시대 초나라의 민간 가요 이름. 통속적 문학이나 예술의 비유로 쓰임.

진화의 질병'에 걸린 것만 같고, 모든 것이 광저우 문화의 역사적 발전과 발전에 대한 기대를 에워싸고 있다. 이런 까닭으로 정작 사람의 실질적 처지에 대한 분석은 쉽게 내던져졌다.

문제는 당연히 더 복잡해지겠지만, 이 토론의 진정한 의미는 광저우인이 이를 통해 자아인식의 위기를 찾게 만들려는 것이다. 따라서 광저우라는 생존공간 속에서 '대중문화'와 '엘리트문화'의 진정한 모습을 최대한 해부해야 하며, '광저우 문화'에 대한 토론은 인간의 생존상태와 영혼의 지향에 대한 연구가 되어야 한다.

저속한지 고상한지 하는 것은 문화의 본질에 대한 도덕적 판단이다. 이는 문화의 유형과는 관계가 없으며, 여러 가지 문화적 상황에 있어서의 영혼의 꼬리표일 뿐이다. 모든 문화는 검증을 받아야만 한다. 문화는 생명의 본질과 의미를 직접적으로 가리킬 수 있으며, 어떤 꼬리표보다도 단순하면서도 신비한 분위기와 사람을 두렵게 만드는 힘을 지니고 있기 때문이다. 대중문화든 엘리트문화든 운명적으로 저속하다거나 고상하다는 낙인이 찍히게 마련이다. '대중'과 '엘리트'의 경계는 모호하지만, 그 자체가 지닌 저속함과 고상함은 전혀 다르다. 즉, 대중과 엘리트를 나누는 것은 중요하지 않으며, 저속함과 고상함을 구별하는 것이 마음의 안위에 직접적 영향을 주는 것이다.

'문화의 사막화'에 대한 문제를 제기하는 진정한 의미는 '문화의 저속화'에 대한 문제 제기를 설명하는 것이어야 한다. 그렇다면 어떤 것이 저속한 것인가? 생활이 우매하고, 영혼이 미련하고, 식견이 천박하고, 지혜가 모자라고, 감정이 진실하지 않고, 행위가 남을 맹종하는 이런 것들은 의

심할 것 없이 저속한 것이다. 하지만 현실에서 '저속함'이라는 것은 복잡한 개념이며, 이는 각종 문화의 주체와 객체에서도 똑같이 나타날 수 있다.

오늘날 산업사회에서의 대중문화가 모두 저속하거나 저급하다고 말할 수는 없다. 대중문화란 대중을 대상으로 하고, 대중매체나 대중적 장소를 수단으로 삼는 것일 뿐이다. 문제는 대중문화를 상업문화로 만드는 것으로, 상업문화는 생산자·광고자·유통자가 결탁하여 조작한 수요이자 소비라는 점이다. 마르쿠제[87]의 언급처럼, 새로운 '거짓 수요'가 부단히 생겨나는 상황에서 대중문화는 소비문화와 오락문화가 될 뿐이다.

광저우의 대중매체는 소비문화와 오락문화를 대대적으로 부추기면서 광저우인의 생활방식과 가치관을 개방·자유·다원화의 상징으로 간주했다. 어떻게 하면 보다 수준 높은 문화적 가치를 세울 것인지에 대한 계몽이나 비판의 기제에는 관심이 적었다. 따라서 현대의 상업문화는 쉽게 문화 저속화의 토양이 된다.

광저우에서 이와 같은 전환은 치밀하면서도 완만하게 진행된다. 시민사회에 대하여 지나친 문화적 기대를 갖는 것은 옳지 않고, 광저우인의 언행과 교양수준이 다른 대도시의 시민보다 결코 낮지 않다면, 사람을 실망시키는 것은 광저우의 문화담당 관료와 문화계 인사들이다. 문화의 저속화는 정신적 가치의 상실, 거짓된 처세주의의 성행, 학술적 식견의 결핍, '엘리트문화의 건설'이라는 기치 아래 극도로 팽창한 사리사욕과 허영심으로 나타난다. 광저우 문화를 토론하면서 이제껏 이런 문화 저속화의 경향에 대하여 비판한 적이 없었다는 것은 이해할 수 없는 일이다. 문화

---

[87] Herbert Marcuse, 1898~1979. 독일 출신의 철학자. 프랑크푸르트학파의 대표인물.

건설 프로젝트에서 납세자의 피땀과 바꾼 것은 문화 저속화의 표본일 뿐이었다. 광저우의 문화에 관한 토론에서 문화 담당 관료와 문화계 인사의 저속화 문제를 건들지 못한다면, 영원히 문제의 핵심에 도달하지 못할 것이라고 단언한다.

광저우인의 생활방식, 광저우의 풍속과 습관, 광저우의 민간문화 등에 있어서 이 모두는 자연스럽게 존재하는 것이며 또한 합리적인 것이다. 내게 있어서 그것들은 각별한 정취를 지닌 광둥 음악과도 같아서 진심으로 좋아하게 만든다. 만약 이 건강한 대지 위에서, 경직되고 부패하고 허위에 찬 관념을 없애고, 튼튼한 경제력을 바탕으로 학술과 교육이라는 두 개의 초석을 탄탄하게 만든다면, 독특한 정신과 품격을 지닌 광저우 문화를 만들 수 있을 것이다. 그렇게 되면 지금처럼 '광저우 문화란 무엇인가' 하는 것을 조급하게 토론하지 않을 것이다.

45 반문화적 도시개발

예전에는 도시개발 문제를 언급하면, 대부분 주택문제가 어떻느니 교통문제가 어떻느니 할 뿐, 반문화적 문제에 관심을 기울이는 사람은 드물었다.

1994년 7월 8일, 광저우에서는 지하철 건설공사에 따른 대규모 철거와 이주가 시작되었는데,[88] 당시 도시개발 전문가는 중국 역사상 최대 규모의 이주라고 했다. 광저우시에서 가장 번화한 상업가 중산5로中山五路는 하룻밤 사이에 폐허로 바뀌었고, 오래된 수많은 점포들이 눈물을 흘리며 광저우시민과 작별했다. 사람들은 비로소 급격한 도시개발이 가져오는 문화적 문제점을 인식하게 되었다.—중산5로와 함께 19세기 후반에 처음 도로가 개설된 이후로 형성된 문화적 면모도 함께 사라졌다.—

사람들은 문화가 해체될 적에 이르러야 비로소 그것을 생각하게 된다. 바람은 부평초의 끝에서 일어나는 법이다. 중국 도시의 역사에서 반문화적 경향은 항상 존재했지만, 이런 문제에 대한 이론적 연구는 등한시되었다. 이는 의식과 사고가 억눌려 있는 것과 연관되며, 또한 이런 문제가 갖는 지엽성이나 복잡성과도 무관하지 않다. 이는 단순히 도시개발의 문제가 아니라 정치·경제·문화 등 복합적 성격을 지닌 문제다.

고대 중국어에서 '성城'과 '도都'는 의미가 다른 것이었다. 「설문해자說文解字」[89]에는 "성城은 성민盛民하는 것이다." 하고, "선왕의 종묘가 있는 곳을 도都라고 한다." 했다. 즉, '성'은 사람이 모인 곳이고, '도'는

---

[88] 광저우의 지하철은 1993년 12월 공사가 시작되어 1997년 6월 1호선이 개통된 이래, 2009년 12월 5호선이 개통되어 운행 중이다.
[89] 한나라 허신(許愼)이 편찬한 한자 자전.

예법의 전통이 살아 있는 곳이다. 현대 중국어에서 '수도首都'나 '국도國都'라는 말에는 '도'의 옛 의미를 보존하고 있다.

'성시城市'와 '도시都市'의 경우는 서로 바꿔 사용할 수 있게 된 것처럼 보이지만 세심하게 따져보면 여전히 차이가 있다. 예를 들어 '성시 건설', '성시 계획'과 '도시 문명', '도시 문화'의 경우는 그 표현상의 차이가 물질과 정신의 차이에 근거한 것으로 보인다. 영어에서 '시티city'는 라틴어의 '시비타스civitas'—'도시', '성시'—에서 유래했는데, '시비타스'는 '시비에civie'—공민公民—와 관계가 있고, '시비에'는 '시빌라이제이션civilization'과 관계가 있다. 어원을 통해서 '시티'에는 '문화', '공민의 자치' 등의 요소가 담겨 있다는 것을 알 수 있다. 때문에 막스 베버[90]는 '도시'의 다섯 가지 특징을 개괄하면서, '공민의 자치권'을 제시했다.

중국과 서구의 문화적 차이는 '도시'의 개념에 대한 어원에서 명확하게 드러난다. 현대의 어휘에서 '도시'나 '성시'에 대한 본래 의미를 탐구하고 정확하게 정의하는 것은 그다지 의미가 없게 되었지만, 학술적으로는 여전히 중요한 의미를 지닌다. 예를 들어 도시의 기원에 대해서는 널리 알려진 '국가설'이나 '계급설'이 모두 논의될 수 있다. 루이스 멈포드[91]는 죽은 자에게 제사를 올리던 것이 최초로 도시부락이 형성된 요인인데, 죽은 자의 도시가 살아 있는 사람의 도시를 이루게 하고, 나아가 살아 있는 사람의 도시 영혼을 이루었다고 했다. 이는 중국 고대의 '도'가 지닌 본연의 의미와도 잘 부합한다.

정신문화가 도시의 탄생에 결정

90) Max Weber, 1864~1920. 독일의 사회경제학자. 현대사회학과 행정학의 창시자 가운데 한 사람.
91) Lewis Mumford, 1895~1990. 미국 출신의 문명비평가. 생태주의 사상을 내세움.

적 작용을 하였다면, 세속의 정치적 기능과 경제적 기능이 갈수록 도시의 중심적 지위를 차지하는 가운데서, 정신문화는 어떻게 지속될 수 있을까? 더욱이 '국제적 대도시'의 반열에 들어서기를 열망하는 상황에서, 문화학과 역사학을 연구하는 것은 실적내기를 좋아하는 반문화적 경향을 향해 울리는 경종이다.

중국은 현대화로 접어들면서 전쟁에 의한 파괴와 정치적 경제적 필요에 따른 '건설형' 파괴 때문에 오래된 도시를 개조하거나 재개발하는 일이 끊임없이 진행되었다. 경제가 발전하면서 철거와 건설의 규모는 커지고 속도는 빨라져, 대도시는 "옛 모습을 벗어던지고 전혀 새로운 얼굴을 내보였고", 도시문화의 전통은 급격하게 붕괴되었다. 광저우의 경우, 외지를 잠시 떠돌다 돌아오면 풍경이 완연히 달라져 있어서 깜짝 놀라게 된다. 예전에는 도시개발과 문화보호의 관계를 논의할 적에, 국가중점보호문물단위에 포함된 것에만 관심을 기울였지만, 이제는 도시 전체의 문화적 면모가 급격하게 해체된다는 점을 고려하고, 이를 보호하는 방안을 생각하지 않을 수 없다.

1964년, UN에서 통과된 「베니스 헌장」[92]에 따르면, 역사문물건축의 개념은 건축물만을 가리키는 것이 아니라 "어떤 문명이나 어떤 의미 있는 발전 내지 어떤 역사적 사건을 입증할 수 있는 도시나 지방의 환경"을 포괄하는 것으로, "하나의 문물과 건축을 보호하는 것은 하나의 환경을 적절하게 보호하는 것을 의미한다."고 확인했다. UN은 세계 각국을 향

92) 국제기념물유적협의회(ICOMOS)가 채택한 「기념물과 사적지의 보존과 복원을 위한 국제헌장」(International Charter for the Conservation and Redtoration of Monuments and Sites)

해 "어떤 지역이든 전통적 환경이 남아 있다면 반드시 보호해야 한다."고 호소했다. 물론 이는 이상일 뿐이다. 경제발전이라는 엄청난 유혹 앞에서 문화에 대한 이상주의는 늘 취약했다. 서구의 역사에서 역사와 문화를 파괴하는 움직임은 산업혁명에 뒤이어 나타났다. 영국은 산업혁명 과정에서 많은 고대 건축물과 역사문화의 환경을 파괴했다. 20세기에 일어난 현대주의 건축사조는 반문화의 과정에 사상성을 갖게 만들었다. 유명 건축가 르 코르뷔지에[93]는 파리 중심부 재개발 계획을 내놓으면서 "파리는 그 자리에서 개조될 것이고 비켜갈 필요가 없다. 각 세기의 사조는 모두 그 위에 깊게 새겨져야 한다. 이런 방법만이 활기찬 파리를 만들 수 있다."고 했다. 다행히 파리 시민들은 그가 내놓은 방안대로 재개발 하지는 않았다. 만약 그의 계획대로 되었다면, 인류에게는 돌이킬 수 없는 엄청난 손실이 생겼을 것이다. 제2차 세계대전은 숱한 역사문화 유적을 한순간에 없애버렸다. 하지만 전문가들은 인위적 파괴 가운데서도 파괴적 성격의 건설이 가장 해롭다는 사실을 지적한다. 일본 에도가와江戶川 대학의 기하라 게이키치本原啓吉 교수는 1950년대 이후로 일본 경제의 고도성장에 따른 역사적 환경에 대한 파괴는 제2차 세계대전 당시의 파괴보다 훨씬 크다고 했다.

광저우는 도시개발 과정에서 고대 건축물과 문화적 가치를 지닌 근대 건축물에 대한 보호책임을 다하지 않아서 보는 이를 안타깝게 한다. 예를 들면 한漢나라와 진晉나라 때로 연원이 올라가는 광효사光孝寺는 1급 문화재임에도, 문화대혁명 때에 다른 용도로 개조되어 사용된 이래로 아

[93] Le Corbusier. 1887~1965. 스위스 출신의 프랑스 건축가. 국제적 합리주의 건축 사상의 대표주자로 '집은 살기 위한 기계'라는 신조를 가지고 있었다.

직까지 사찰 내외의 환경이 제대로 복원되지 못했다. 또 육용사六榕寺의 화탑花塔은 고층빌딩에 포위되어 명승고적으로서의 가치를 잃어버렸고, 사몐沙面의 영국과 프랑스 조계지租界地, 시관의 구식 가옥, 둥산東山의 별장 같은 근대 건축사에 있어서 중요한 가치를 지닌 건축물은 철거되거나 난잡하게 바짝 들러붙은 건물들에 포위되었다.

후이푸로에 있는 차오신차루巧心茶樓는 광저우에 남은 가장 오래된 다거(茶居 : 찻집)다. 어린 시절에 어머니는 항상 나를 데리고 이 찻집을 찾아가 차를 마셨다. 차오신차루는 후이푸로의 용수(榕樹 : 벵골 보리수), 오선관五仙觀의 '수석동천穗石洞天'과 함께 내게 역사와 인문의 정감을 일깨워주었다. 하지만 이제 차오신차루는 완전히 사라졌다.

영국의 극작가 오스카 와일드[94]는 "지난날이 갖는 유일한 매력은 그것이 과거라는 것이다."라고 했다. 과거에 속하는 작은 거리나 화강석이 깔린 좁은 거리는 자신만의 매력이 있지만 금세라도 사라질 운명에 처해 있다.

대도시의 교통문제도 도시의 관리자에게는 하나의 도전이다. 교통문제를 해결하는 방법에는 여러 가지가 있을 것이다. 단순히 교통문제만을 해결하려 한다면 어렵지 않을 것이다. 그러나 해결책이 모두 훌륭한 것은 아니고, 또 사람이 가진 가치관에 따라 모든 것이 결정된다는 것이 문제다. 그렇다면 가장 중요한 것은 무엇인가?

대도시의 교통문제를 해결함에 있어서도, 삶의 질을 제고하는 문제와 더불어 문화적 전통과의 관계가 우선 고려되어야 한다. 세계 각 도시가 교통문제를 해결하는 방법을 통해서 가치관의 차이를 살필 수 있다. 파리

---

94) Oscar Wilde, 1854~1900. 아일랜드의 극작가, 소설가, 시인, 단편 작가.

나 런던 등 국제적 대도시는 전통문화경관을 지키는 것을 무엇보다 중요하게 여기기 때문에 현대적 시설이 문화를 파괴하지는 못한다. 하지만 다른 유형의 도시에서는 자동차의 통행속도를 도시의 현대화 지표로 간주하여, 도처에 고가도로와 입체교차로를 설치함으로써, 도시 전체가 마치 수많은 파이프라인이 설치된 공장처럼 보인다. 개발도상국에서는 현대화의 속도감과 기계감 따위의 인공적 역량을 흠모함에 따라 후자와 같은 도시개발의 길을 걷는다.

광저우는 중국에서 고가도로가 가장 많은 도시일 것이다. 런민남로, 류얼산로와 시관 등지의 구시가지에 가설된 고가도로는 본래의 역사인문경관을 철저하게 파괴할 뿐 아니라, 구시가지의 생활환경을 악화시키는 오염이나 소음 등 심각한 문제를 초래한다. 바이톈어 호텔로 진입하는 다리는 가장 전형적인 사례다. 자동차의 호텔 진출입을 편리하게 하려고 설치한 다리는 주강의 작은 섬인 사몐의 자연경관을 완전히 파괴했다. 이런 경우는 주민들의 찬반투표로 결정되어야 함에도 사장과 관료의 의지만으로 결정되었다.

또 한 가지 예를 들어보자. 광저우 번화가 도로에서 일부 구간을 완전히 폐쇄하는 조치를 취했다. 차량통행은 원활해졌지만, 논란의 여지가 있다. 이는 차량 소유 계층의 이익만을 고려한 것으로, 지역 상권과 문화적 경관은 단절시켰다. 이런 추세로 나간다면 사람들은 머지않아 고속도로처럼 삭막한 환경에서 살아가게 될 것이다. 지금은 '현대화된 국제적 대도시'가 그 무엇보다도 우선시된다. '현대화된 국제적 대도시'를 명분으로 내세우며 어리석고 사악한 반문화적인 행위가 얼마나 횡행하는지 아는가? 도시 관리자가 업적 쌓기에만 급급하고 문화적 자질은 부족하기 때문에 빚어진 일이다. 이런 문제는 단기간에 해결되지 못할 것이다. 대도시는 일사천리로 빠르게 발전하기 때문에, 그 건설의 '성과'는 수십 년 동안 없애기 어려울 것이다. 그러므로 광저우인은 누구나 경계심을 가져야 한다.

46 이 광저우인을 보라

친구 L은 광저우에 있는 한 신문사의 기자다. 그는 광저우인에 대하여 글을 써보려고 하는데, 나와 광저우인 사이에서 그 해법을 찾으려고 한다고 말했다. 나는 금세 그의 의도를 알아챘다. 왜냐하면 많은 친구들이 내가 광저우인 같지 않다고 말하기 때문이다.—외모만이 아니라 기질이나 생활방식을 포함해서 말이다.— 나는 언젠가 L에게 사람들이 나를 광저우인 같지 않다고 하는 것은 광저우인에 대한 편견이 있기 때문이라고 일러준 적이 있었다. 그 일로 나는 L과 다음과 같은 대화를 나누었다.

● "'영웅은 출처를 묻지 않는다'고 말하지만, 광저우인을 말하려면, 먼저 분명히 해두어야겠네. 자네는 진짜 광저우 토박이인가?"

— "그렇네. 진짜 토박이일세. 광저우에서 10km 떨어진 광둥성 허산鶴山이 본적인데, 할아버지 때부터 광저우에서 살았다네. 본적지에는 친족은 한 사람도 남아 있지 않고, 이제껏 본적지에는 가본 적도 없다네. 어릴 적에는 후이주서로에서 살았네. 거기에는 오래된 용수榕樹 한 그루와 작은 가게들이 늘어선 도로가 있었지. 그 일대는 당나라와 송나라 때부터 번성한 상업지역이자 인구가 조밀한 주거지역이었지. 또 당나라 때에 세운 광탑光塔과 명나라 때에 만든 종루鐘樓가 있었다네. 내가 다닌 초등학교는 광탑 아래쪽에, 중고등학교는 종루 아래쪽에 있었지. 비궁항畢公巷 · 난하오가南濠街 · 저우무가走木街 · 톈수이항恬水巷 · 미스가米市街에는 화강석이 깔려 있고, 당롱문趟攏門[95]이 있고,

---

95) 광동지방 전통가옥의 출입문.

곳곳에 빨래가 내걸려 있었는데, 어려서부터 그 거리와 골목에서 뛰어놀았다네. 이게 바로 본래 광저우라네."

● "광저우를 떠나 외지에 가서 공부나 일을 한 적은 없는가?"
— "없는 셈이네. 고등학교를 졸업하고 3년 동안 농촌에서 지청知靑 생활을 했지만, 광저우에서 멀지 않아 자전거로 몇 시간이면 집에 올 수 있었네. 같은 반 학우들은 모두 이 일대 출신들로 문화적 배경이 완전히 같았지."

● "좀 더 구체적으로 자네와 자네 세대 광저우인의 청소년 시절을 말해 줄 수 있는가?"
— "1950년대 중, 후반에 태어난 사람들의 이야기를 들려주겠네. 문화대혁명이 한창이던 때에 초등학교에 다녔는데, 모든 것이 그야말로 황폐했지. 1970년에 중학교에 들어갔는데, 농촌에 분교를 만들고, 공장일을 배우는 데에 많은 시간을 들였지. 하지만 나는 그것이 황당하거나 무의미하다고 생각하지는 않았다네. 나는 가끔씩 왜 광저우중학교 농촌분교의 역사를 쓰는 사람이 없는지 이상하다는 생각이 들고는 한다네. 1972년부터 1973년까지는 교육이 재개되었고, 1974년에는 '수정주의 부활'을 비판했지. 하지만 많은 것들이 사실 지금 말하는 것처럼 그렇게 간단하거나 명료하지는 않았다네. 예를 들어 우리가 농촌분교에서 생활할 당시, 한번은 아침에 운동장에 줄을 서서 영어낭독대회를 한 적이 있었다네. 바람이 세차고 하늘이 잔뜩 찌푸린 가운데 각 반 대표가 차례대로 앞에 나가

외국어로 문장을 외웠는데, 그 감동은 지금도 생생하네.

집안 배경을 말해 주지. 어린 시절 나는 골목길 개구쟁이는 아니었네. 광저우에서 가장 좋다는 유치원에 다녔고, 러시아어 통역사로 일하던 아버지는 내게 러시아어 그림책을 보여주며 러시아어를 가르쳐 주셨지. 지금도 나는 「엄동설한, 새빨개진 코」라는 책을 가지고 있네. 그 그림책을 보면서 나는 러시아의 설원과 마차와 자작나무 숲을 알게 되었지.

하지만 문화대혁명은 내게 또 다른 교육을 받게 만들었다네. 새 옷을 입기보다 기워 입기를 좋아하였고, 신발을 신기보다 맨발로 다니기를 좋아했지. 학우들과 어울려 몰래 담배를 피우기도 하였고, 남의 집 지붕에서 연을 날리기도 하였고, 주강에 가서 수영을 배우기도 하였고, 열대어를 키우느라 벌레를 잡기도 하였고, 알루미늄과 안티몬을 녹여 군용 버클을 만들기도 하였고, 비닐봉지를 녹여 갈색 단추를 만들기도 하였고, 광석라디오에서부터 4관 라디오까지를 조립하기도 하였다네. 1970년대 초에 이런 것을 가지고 놀던 일을 지금 우리 세대들 가운데 기억하는 사람이 있을까?

고등학교 때에는 제대로 책을 좀 읽었지. 영어·물리·어문 선생님의 문화적 소양과 독서 취향이 우리에게 적지 않은 영향을 미쳤지. 1973년, 멀리 장시성江西省에서 어머니를 뵈러 왔던 사촌 형님이 돌아가서 「돈키호테」[96]·「죽은 혼」[97]·「고리오 영감」[98] 등을 보내주었지. 그리고

---

96) 「Don Quixote」. 스페인의 작가 세르반테스(Miguel de Cervantes Saavedra: 1547~1616)의 대표 소설.
97) 「Myortvye dushi」. 19세기 러시아 사실주의 작가 니콜라이 고골(Nikolai V. Gogol: 1809~1852)의 작품.
98) 「Le pere Goriot」. 프랑스 사실주의 문학의 거장 발자크(Honoré de Balzac: 1799~1850)의 대표작.

「학습과 비판」이라는 잡지에는 「호적전胡適傳」⁹⁹⁾이 실려 있었다네. 아무튼 그것은 내게 있어 최초의 독서 계몽인 셈이었지.

결정적으로 중요한 일은 고등학교 1학년이던 1973년에 서점에서 책을 사는 법을 배운 일이었다네. 지금까지도 1973년과 1974년에 베이징로에 있는 신화서점에서 구입한 책 네 권이 남아 있는데, 칸트의 「우주발전사 개론」, 헤겔의 「우주의 수수께끼」, 하인리히 하이네의 「독일의 종교와 철학의 역사」, 마르크스의 「박사논문」이 그것이지. 나는 아직도 그것이 무척 신기한 일처럼 여겨진다네. 아무도 내게 이런 책에 대해 말해 준 적이 없었는데도, 나는 마치 내가 알 수 없는 무언가에 빨려 들어가는 것만 같았다네. 당시 칸트의 책에 그어놓은 수많은 밑줄을 보면, 지금도 마음이 살짝 흔들린다네. 당시 독해 능력은 확실히 부족했지만, 나는 책에 담긴 그 넓은 세상과 고귀한 탐구정신에 큰 감명을 받았다네. 칸트가 남긴 말을 들어보게.

구름 한 점 없는 맑은 밤하늘에 반짝이는 별을 바라보면 유쾌해진다. 그 유쾌함은 고상한 마음이 있어야만 얻을 수 있다. 세상이 고요하고 모든 감각기관이 안정되면, 영원히 잠재된 인식 능력은 신비한 언어로 아직껏 펼친 적이 없는 개념들을 암시한다. 그 개념들은 마음으로 깨달을 수만 있을 뿐 말로 전할 수는 없다.

99) 호적(胡適, 1891~1962)은 중국 현대의 저명학자, 문학가, 철학자로 문학혁명을 제창하여 신문화운동을 이끈 대표적 인물이다.

당시에는 표현할 수 없는, 고상한 유쾌함 같은 것을 느꼈다네. 하인리히 하이네의 책에서는 그가 마틴 루터를 묘사한 시에서 큰 감동을 받았었지.

*투쟁과 고난 속에서 마틴 루터는 마음에서 시가 솟구쳤다. ……
어떤 것은 바위에서 자라는 꽃송이 같고, 어떤 것은 파도가 몰아치는
바다에 쏟아지는 달빛처럼 반짝였다.*

나이팅게일의 노래가 선교사들의 영혼을 되살렸지만, 잇달아 죽어간다는 그의 이야기는 내게 강렬한 인상을 남겼다네. 아무튼 이런 독서는 내게 사상에 대해 흠모하는 마음을 갖게 만들었지.

물론 당시 사회는 기이한 방법으로 정치적 관심과 이상주의를 길러냈다네. 1974년, 나는 학우와 함께 리이저李一哲가 붙여놓은 대자보를 보았는데,[100] 일부 단락은 외는 지경에 이르렀지. 아울러 '12월 당원黨員'[101] · '니콜라이 체르니셰프스키'[102] · '벨린스키'[103] 같은 이름은 거기에서 본 것이었는데, 글자의 모양과 발음 때문에 마음이 흔들렸던 것으로 기억하네. 지금 생각하면, 우리 세대는 극도의 문화적 갈증 속에서 성장했지만, 한 줄기 별빛 · 한 줌의 먼지 · 한 움큼의 솜만을 필요로 하였고, 겁먹고 융해되어 '두려움과 사랑으로 충만한 삶'에 다가섰다는 것은 장점

---

100) 1974년 11월 10일, 「사회주의의 민주와 법제(法制)에 대하여」—「마오 주석과 제4계 인민대표대회에 바침」이라는 제목으로 광저우의 최대 번화가인 베이징에 어귀에 나붙은 대자보. 대자보에 리이저(李一哲)라는 서명이 있었다. 당시 수많은 사람이 에워싸고 읽느라 교통이 마비되었다고 한다.
101) 1825년 12월 러시아 최초로 근대적 혁명을 꾀한 혁명가들. 데카브리스트(Dekabrist).
102) Nikolai G. Chernyshevski, 1828~1889. 러시아의 혁명민주주의자, 유물주의철학자, 작가, 비평가, 급진적 저널리스트, 정치가.
103) Vissarion Belinsky, 1811~1848. 러시아의 문예평론가, 사상가. 러시아 문학과 유럽 문학의 조화에 노력함. 푸시킨 · 도스토예프스키 등을 길러냈다.

이었던 셈이네."

● "사상적 · 감정적 체험을 통해 새로운 것들이 생긴 뒤에, 그런 것이 광저우의 평민문화와 거리감이 생겼다고 느꼈는가?"

― "당시에는 그런 느낌은 없었다네. 지금 생각해 보면, 그 당시는 그야말로 '전국이 온통 붉은 물결'이었기 때문에, 지역문화라는 것은 강한 정치문화에 희석되고 말았지. '광저우의 인민도 전국의 인민과 같다'는 구호는 당시에는 상투적인 말이었지만, 또 현실이기도 하였다네. 광저우인은 이제껏 정치에 관심을 둔 적이 없었다고 말하는 사람들이 많은데, 그건 사실과 다르네. 4·5 천안문운동[104]에 우리는 똑같이 격동하였고 토론을 벌였네. 나는 광저우의 평민문화가 생활과 장사만을 이야기한다고는 생각하지 않네."

● "지청知靑 생활은 자네에게 무엇을 가져다주었는가? 광저우의 지청은 어떤 특징이 있었는가?"

― "지금도 '노삼계老三屆'[105]들은 '지청'으로 보낸 세월에 대해 자주 이야기하는데, 그들은 바로 중국 지청운동의 주류들일세. 지청 운동은 오래도록 전개되었고, 단계마다 서로 다른 특징이 있었네. 1970년대 중반과 후반쯤에는 막바지에 다다랐는데, 나는 1975년에 충화從化에 있는 선강공사神崗公社 거탕대대格塘大隊에 배속되어 생활하였다네. 광저우에서

---

104) 문화대혁명 후기의 정치운동. 1976년 4월 5일 발생한 천안문사건을 기폭제로 전국적으로 확산된 반(反)사인방(四人幇) 운동.
105) 1966년, 1967년, 1968년 3년 동안에 중등학교를 졸업한 사람.

60킬로미터 남짓 떨어졌는데, 환경이 몹시 열악해서 문을 열면 온통 산만 보였고, 노동 점수의 환산치는 매우 낮았다네. 농사일 이외에도 벽돌을 굽고 땔감을 하고 양을 키우고 집을 짓는 등 잡다한 일을 했는데, 체력을 기르는 데는 상당한 도움이 되었다네. 그런 생활을 겪었기에 나는 고리키가 말한 것처럼, '나의 신앙은 나의 노동에서 나왔다'고 말할 수 있다네. 사고가 성장하는 시기이던 청년에게 이보다 유익한 것은 없었다네.

당시에는 책도 좀 읽었지. 대대에서 세운 초등학교에는 고참 지청 한 사람이 있었는데, 그가 내게 왕리王力[106]의「고대한어古代漢語」한 질을 빌려주었지. 그건 가장 중요한 수업교재였다네. 1977년, 나는 대대 지청의 임목장에서 작업 기록원 겸 마오주석어록의 지도원을 맡았지. 한번은 상부에서「공산당선언」을 학습하라는 지시가 내려왔는데, 나는 산에서 양을 치면서 짬짬이 그것을 읽었다네. 책장을 덮을 무렵이면 저녁노을이 드리우곤 했었지. 양떼를 몰고 산을 내려오면서 몽롱하게 정신적 일출을 느끼고는 했다네. 숭고감에 대한 형언할 수 없는 그런 느낌은 지금도 기억이 생생하네. '청년 시절에 마르크스와 루쉰魯迅[107]을 숭배하지 않는 사람은 없고, 진정으로 젊음을 경험하는 사람은 없다.'고 한 작가의 말이 생각나네. 우리의 행운은 우리가 진정으로 젊음을 경험하였다는 것이네.

당시 우리는「광저우 지청의 노래」를 불렀다네. '안녕! 광저우여. 다시 만나자! 고향—아가씨로 바꿔 부르기도 했다.—이여. 내일이면 우리는 강물처럼 멀리 흘러가리라.' 즐겨 부른 노래로는 또 「녹도 소야곡」(綠島小夜

106) 1900~1986. 중국의 언어학자. 중국 현대언어학의 기초를 마련함.
107) 1881~1936. 중국의 작가. 본명은 저우수런(周樹人).「아큐정전(阿Q正傳)」,「광인일기」등을 지었으며, 사회악과 인간악에 대한 증오와 투쟁정신이 작품 전체에 흐름.

曲),[108]「매화꽃이 피었어요」(紅梅花兒開)[109] 같은 것이 있었는데, 저녁마다 석유등 아래에서 기타를 연주하며―그것은 광저우 지청의 상징이었다.― 눈물 젖은 눈으로 불렀지. 훗날 나온 상흔미술傷痕美術[110] 작품 가운데「우리는 이 노래를 부른 적이 있었다」(我們曾唱過這首歌)라는 유화는 바로 이 광경을 묘사한 것이지. 당시 광저우 지청은 사상적으로 매우 나약해졌고, 그래서 많은 사람들이 몰래 헤엄쳐서 홍콩으로 달아났는데, 아마도 그것은 광저우 지청의 특수한 선택이었을 것이네. 또「지청이 되면 죽어라고 수영을 배워야 하지」라는 노래도 있었다네. 수영을 할 줄 안다는 것은 헤엄쳐 달아난다는 의미였지. 사람들은 광저우 북쪽 교외에 있는 다진중大金鍾 저수지에서 몇 시간씩 수영 연습을 하고, 그런 다음에는 스먼石門으로 가서 헤엄을 쳐 광저우로 돌아갔지. 당시 나는 그들이 무엇을 하고 있는지 알고 있었다네. 얼마 전에 나는 후이저우惠州에서 이런 이야기를 들었네. 당시 어떤 공사의 서기書記는 지청들이 몰래 헤엄쳐 달아나게 내버려두었다가, 그들을 붙잡아 오는 사람을 우대하였다고 하네. 그런데 그때 달아났던 사람들이 이제는 돌아와 가장 많은 투자를 한다고 하더군. 광저우 지청의 밀입국 역사는 중국의 지청운동에 있어서 유별나면서도 비장한 한 페이지일세. 어째서 아무도 이런 이야기를 하지 않는지 알 수 없다네."

---

108) 영화 삽입곡으로 준비되었으나 사용되지 못하고, 필리핀에서 먼저 유행한 뒤에 동남아시아를 거쳐서, 1958년에 타이완에서 발매되어 선풍적 인기를 끌면서 누구나 아는 노래가 되었다. 가사는 감옥에 갇힌 살인범이 연인에게 보낸 사랑의 편지로 알려져 있다.
109) 러시아의 시인 미하일 이사코프스키(M. V. Isakovskij:1900~1973)가 가사를 쓰고 두나예프스키(M. Dunaevskij:1900~1955)가 곡을 만든 노래로, 짝사랑하는 이를 그리워하는 소녀의 마음을 담은 곡이다.
110) 문화대혁명이 남긴 상처를 담아낸 미술 작품을 이르는 말. 1978년 향토화가(鄉土畫家) 가오샤오화(高小華:1955~)의 유화「왜?(爲什么)」에서 시작되었다고 한다.

● "그 후 자네는 농촌에서 대학으로 돌아가 가오카오高考[111]가 회복된 이후 첫 번째 행운아가 되었다는데, 사실인가?"

— "사실일세. 지금도 나는 당시 지청이 된 것과 77학번 대학생이 된 것은 나에 대한 운명의 가장 큰 사랑이었다고 생각하네. 마치 '이런 여명을 가질 수 있는 사람은 행복하다. 젊음은 그야말로 하늘의 선물이다.' 라고 노래한 윌리엄 워즈워드[112]의 시구처럼 말일세. 유례없이 참담한 문화적 재난을 겪은 뒤에 우리를 맞이한 것은 폐허가 되어버린 캠퍼스였다네. 4년의 세월 동안 많은 학우들은 생각하는 갈대가 되어 있었는데, 아마도 자기 단련의 결과였을 것일세. 당시 우리는 「오늘」(今天)·「이 시대」(這一代)·「미래未來」를 서로 돌려가며 읽었네.—지금에야 누가 이런 뜨거운 인쇄물을 기억하겠는가?— 77학번의 캠퍼스는 사상의 요람이었지. 당시 종소리가 울리면서 우리의 소망과 의지는 이미 정해졌고, 그 후 별다른 선택은 할 수 없었다네."

● "자네 부인은 자네와는 캠퍼스 커플인데, 그녀도 광저우인인가?"

— "아내는 후난성湖南省 사람이네. 하지만 그녀의 부친은 그녀가 태어나기도 전부터 광저우에서 일하였고, 그녀는 두 살도 되지 않아 광저우로 이사했으니, 광저우인이라고 할 수 있을 것일세. 우리는 캠퍼스에서 만났는데, 처음에는 정신적인 만남이었네. 서로에게서 자신의 독서 경험과 정신적 흔적을 발견했던 것이지. 지금은 같은 대학에 근무하고 있네."

---

111) 중국의 대학교 입학시험. '고등학교초생고시(高等學校招生考試)'.
112) William Wordsworth, 1770~1850. 영국의 낭만주의 시인.

● "광저우의 언론매체에 실리는 자네에 대한 보도를 보면, 대부분 자네의 독서편력과 많은 장서를 소개하는 것에 치중하고 있더군. 자네의 독서 생활과 광저우인의 독서 생활에 대한 견해를 밝혀줄 수 있겠는가?"

— "나는 직업적인 이유로 독서를 하는 것은 아니네. 독서와 저술은 가장 기본적인 생존방식이 되어 있다네. 독서와 저술의 재미는 말로는 표현하기 어렵다네. 광저우에는 진정으로 책을 사랑하고 이해하는 독서인이 적지 않다네. 광저우에서 양서는 순식간에 매진되어 조금만 늦어도 구입할 수 없다는 것이 그 증거일세. 아무튼 광저우에는 책을 사랑하고 이해하는 많은 사람이 있다는 것을 생각하면 무척 기쁘다네. 잡지사에 근무하는 친구 S는 나와는 책으로 인연을 맺은 벗일세. 그는 광저우에서 보기 드물게 장서가 많지. 나는 진정으로 책을 사랑하는 사람은 바로 이런 사람이라는 생각이 드네. 그는 책을 사랑하기 때문이지, 결코 직업·명성·이익 때문에 독서를 하지는 않는다네. 그들이 생각하는 책은 학문의 도구이거나 값이 오르기를 기다리는 진귀한 물품이 아닐세. 묵묵히 함께하는 반려자이고, 아득한 세상을 향해 열려 있는 창문이라네. 그들은 아무런 부담이나 근심도 없이 마음대로 읽을 수 있다네. 매일 먹고 마시는 것처럼 자연스럽게 책을 사랑하고 읽는다네. 그들이 서점에서 책을 찾는 것은 날마다 편지함을 뒤지며 멀리 있는 벗의 소식을 기다리는 것과 같은 간절함과 인내심 같은 것일세. 나는 진정으로 책을 아끼는 사람은 진정한 귀족과 비슷하다고 생각하네. 그것은 타고 난 것이지 후천적으로 길러진 것이 아닐세. 전국의 양서가 광저우에는 들어오지 않는다는 사실은 안타까운 일이네. 이는 서점업계 종사자들의 자질과 관계가 있다네. 전국적으로 알려진 광저

우구서중심廣州購書中心[113]은 광저우의 문화 경관 가운데 하나라고 하지만, 진짜 양서는 개인이 운영하는 서점에서 찾아볼 수 있다네. 외지에 나갔다가 그곳 서점의 현실을 보고 실망하면서, 비로소 광저우에 서점과 도서가 적은 것이 아니라는 사실도 알게 되었다네."

● "대학 강의와 저술 이외에도 사회활동에 열심히 참여하는데, 특히 언론계에서 많이 활동하는 것으로 알고 있네. 일찍이 「링난문화시보嶺南文化時報」 창간에 참여하였고, 여러 해 동안 TV 사회자로 활동하면서 예술 감상과 독서에 관한 다수의 프로그램을 진행했는데, 광저우의 대중문화에 대해서는 어떻게 생각하는가?"

— "내가 글에서 밝힌 적이 있는데, 현대 산업사회는 대중문화를 소비문화와 오락문화로 만들어버리네. 그리고 쉽사리 문화 저속화의 토양을 만드네. 오랫동안, 광저우의 대중매체는 소비문화와 오락문화를 부추겨 왔네. 정신문화의 건설은 대개 주류 의식의 사회적 인도라는 방식으로 나타났는데, 이 두 가지 극단 사이에는 내내 진실하지 못한 연계성이 있어 왔다네. 여기에 관련된 것이 일부 문화담당 관료의 문화 저속화 현상인데, 정신적 가치의 위선, 학술적 바탕의 결핍, '정신문화건설'의 기치 아래 심각하게 팽창된 공리성으로 나타난다네. 사실 이 양자 사이에 부족한 것은 비교적 높은 수준에서 세워진 문화의 가치에 대한 계몽과 문화에 대한 비평의 기제라고 할 것이네. 더 많은 지식인들의 대중문화에 대한 관심을 통하여 새로운 문화형태가 나타날

---

113) 광저우시 신화서점(新華書店)이 설립한 대형 서점으로, 1994년 11월 개점한 이후로 '신주제일서성(神州第一書城)', 즉 '중국 제일의 서점'이라는 명성을 얻고 있다.

것이네. 예를 들어 광둥 TV의 「매주일서每週一書」 프로그램은 전국의 TV 가운데 일찍 편성된 독서전문프로그램으로, 다수의 학술과 문화 관련 저술을 소개하였고, 또 베이징과 티베트의 학술문화시리즈를 특집으로 제작하기도 하였다네. 이 프로그램은 위성을 통하여 다른 지역에서도 방송되어 영향을 주기도 했지. 또 「링난문화시보」의 경우는 창간 이래로 줄곧 지식인의 비판정신을 견지하여, 지식인 사이에서 자못 호평을 받아왔다네. 이런 사례들은 광저우의 대중매체가 비교적 높은 수준으로 발전할 수 있다는 것을 보여주는 것일세."

● "학자로서 광저우의 학문적 여건은 어떻다고 보는가?"
— "광저우는 학술문화의 중심지가 아니기 때문에, 학술교류 활동이나 도서자료 등에 있어서는 물론 여건이 베이징보다는 못한 것이 사실이네. 하지만 오늘날의 자료와 정보 환경에서 이는 그리 큰 문제가 되지는 않는다네. 베이징의 경우는 인문과학의 연구 성과가 전국적으로 영향을 미칠 수도 있는데, 그것은 간행물과 출판의 편리함 때문일 것일세. 하지만 진정한 학문은 이런 편리함에 의지할 필요가 없다네. 광저우에서도 학문이 뛰어난 분들이 있네. 생활여건에 있어서는 광저우가 베이징보다는 확실히 낫네. 근자에 북방의 학자 일부가 남쪽으로 내려오는 것도 경제발전이 학문이나 교육에 미치는 영향력을 암시하는 것이 아니겠는가?"

● "현재의 삶과 마음을 간결하게 표현한다면?"
— "충실한 생활과 화평하고 자유로운 마음이라고 하겠네."

중국알기시리즈 3

광저우의 사람과 문화 읽기

초판 1쇄 인쇄 | 2011년 11월 5일
초판 1쇄 발행 | 2011년 11월 10일
지은이 | 李公明
옮긴이 | 남종진
발행인 | 강희일 · 박은자
발행처 | 다산미디어
디자인 | 민하디지탈아트 (02)3274-1333

주소 | 서울시 마포구 용강동 494-85 다산빌딩 402호
전화 | 717-3661
팩스 | 716-9945
이메일 | dasanpub@hanmail.net
홈페이지 | www.dasanbooks.co.kr
등록일 | 2005년 7월 14일
등록번호 | 제313-2005-151호
도서유통 | 다산출판사

이 책의 판권은 다산미디어에 있습니다.
잘못된 책은 구입하신 서점에서 바꾸어 드립니다.

ISBN 978-89-86316-27-8 04910
ISBN 978-89-86316-24-7(세트)
정가 8,000원